몸의 역사

의학은 몸을 어떻게 바라보았나

차례
Contents

몸으로 읽는 앎과 삶

문화충격이라는 말이 있다. 이 말은 아무런 의심 없이 받아들이던 상식이 무너졌을 때 겪는 몸과 마음의 혼란을 뜻한다. 이런 현상은 역사와 문화의 경험이 다른 사람들이 만났을 때 흔히 일어난다.

예를 들어 마구잡이로 사냥을 해서 이윤을 챙기려는 백인들은 먹을 만큼만 사냥을 하는 아메리카 인디언들의 눈으로는 도저히 이해할 수 없는 사람들이었다. 반면, 자연을 단순한 이익추구의 대상으로 보는 백인들의 눈에는 인디언들마저도 착취와 이용의 대상일 뿐이었다. 백인들은 자연을 조작이 가능한 거대한 기계로 받아들였고, 인디언들은 동물과 자신들의 몸 또한 자연의 일부로 받아들였다. 그렇기 때문에 이들의 삶의 방식은 확연히 다를 수밖에 없었다. 이처럼 삶의 방식은 세상을 받아들이는 태도와 뗄 수 없는 관계이며, 문화충격은 인디언과 백인의 관계처럼 서로 다른 앎과 삶의 방식이 부딪치는 곳에서 생긴다.

내가 말하려는 의학사 역시 세계를 이해하는 앎의 체계와 그에 따른 삶의 방식에 대한 것이다. 특히 그런 체계와 방식이 몸에 대한 관점을 어떻게 바꾸는지에 관심을 기울인다. 의학사를 공부하다보면 과거의 조상들이 살았던 몸이 지금 우리가 상상하는 것과 크게 달라 충격에 빠지기도 한다. 그러나 그러한 충격을 피하기보다는 몸에 대한 과거의 관점을 적절히 받아들여 현실과 비교하는 것이 의학사를 공부하는 까닭이며 내가 이 책을 쓰는 목적이기도 하다.

우리는 과학을 보편과 합리에 근거한 지식으로 받아들인다. 그러나 먼저, 그 보편과 합리를 구분하는 잣대가 무엇인지 검토해야 한다. 잣대를 따져보지 않는다면, 마치 자신들만의 기준으로 다른 나라를 '악의 축'으로 규정하고, 마음대로 전쟁을 일으키는 패권주의 국가의 정치폭력과 다를 것이 없기 때문이다. 검증되지 않은 보편과 합리의 잣대로 다른 문화나 과거의 앎과 삶을 재단하는 것은, 과학지식만을 유일한 앎의 체계로 받아들이고 과학에 근거한 삶만을 옳은 것으로 강요하는 '문화폭력'일 수 있다. 따라서 과학이 스스로 씌운 문화의 폭군이라는 혐의를 벗으려면 과학이 내세우는 보편과 합리라는 가치를 논리와 도덕과 문화로 정당화할 수 있어야 한다.

몸과 삶

근세 이후 서양의 해부학이 동아시아에 전해질 즈음, 동양의 의학자들은 엄청난 충격을 받았다고 한다. 몸을 우주의 오행과 상응하는 오장육부로 파악하는 수천 년에 걸친 앎의 체계가, 단순한 구조와 형태의 집합으로 보는 앎의 체계와 충돌했기 때문이다. 지금은 그 둘을 서로 배척하기보다 상호보완할 수 있는 것으로 바라볼 수도 있게 됐지만, 당시에는 전혀 섞일 수 없는 것으로 여겼던 것 같다. 그래서 일부 의학자들은 애초에 동양인과 서양인은 몸의 구조가 다르다는 주장을 펴기까지 했다.

보편성과 합리성의 기준에서 보면 동양의학은 벌써 사라졌어야 마땅하나 현실은 전혀 그렇지 않다. 오히려 20세기말부터 동양의학의 영향력이 훨씬 더 커졌는데, 이것은 모든 것의 바탕이던 과학(서양의학)의 보편성이 심각하게 도전을 받은 것이나 마찬가지다. 사람들은 서양의학의 보편성과 합리성을 인정하면서도 한편으로는 수천 년에 걸쳐 몸에 쌓인 방식으로 삶을 살아간다.

사람이 꼭 아는 대로 사는 것은 아니다. 경우에 따라서는 오히려 살아가는 사이 몸에 밴 무엇인가가 굳게 믿고 있던 앎의 내용을 은근히 바꾸기도 한다. 의학의 역사는 이렇게 앎과 삶이 서로 영향을 주고받은 과정의 기록이라고 할 수 있다.

서양의학은 고대 그리스의 히포크라테스에 그 뿌리를 두고 있다. 그를 서양의학의 시조로 여기는 까닭은 질병을 치료할 때, 초자연의 힘을 배제하고 순수한 자연의 힘을 바탕으로 삼았기 때문이다. 이것은 주로 주술이나 신탁에 의존하던 이전의 의학과는 뚜렷이 다른 '이치에 맞는(合理的)' 의학체계였다. 그러나 당시의 합리성은 오늘날의 합리성과 여러 면에서 다르다.

히포크라테스는 사람의 몸을 네 가지 액체로 구성된 기능의 단위로 파악했는데, 여기서 몸의 기능은 이 액체들의 혼합비율에 따라 결정된다. 몸을 하나의 기능으로 파악하면 몸을 구성하는 각 부분의 형태는 그다지 중요하지 않게 된다. 따라서 몸이 네 가지 액체로 구성된다는 이론에 바탕을 둔 고대의학과 유럽의 중세의학에서는 해부학이 발달하지 않았다.

당시 의학의 합리성은 몸의 형태나 구조를 중심으로 질병을 발견하는 것이 아니라, 몸의 모든 기능을 중심에 두고 기후와 지리의 조건 그리고 천체와 '연관'짓는 데 있었다. 어떤 형태로든지 자연과 긴밀한 관계 속에서 살아야 했던 당시 사람들의 삶이 자연스럽게 녹아들어 있는 지식체계라 할 수 있다.

이러한 관계의 합리성은 르네상스와 과학혁명을 거치면서 미리 정해진 구조를 갖는 기계의 합리성으로 바뀐다. 데카르트 이후 세계를 물질과 영혼의 세계로 뚜렷이 나누자, 영혼이 빠져나간 몸은 분해와 조립이 가능한 하나의 기계로 전락했다. 그리고 분해와 조립을 하려면 각 부분의 구조와 형태를 철

삶의 끈을 놓지 않으려는 의지가 담긴 듯한 해부도,
꽃잎과 열매에 비유한 자궁과 태아, 생각하는 해골(왼쪽부터).

저히 파악해야 하기에 구조와 형태의 개념을 세우고 몸의 각 부분을 사실처럼 묘사한 해부도를 많이 그리기 시작했다.

그러나 당시에 그린 해부도를 보면 현재의 해부도와는 다른 특징이 있다. 온 몸이 갈기갈기 찢긴 시신은 죽은 살덩어리가 아닌 삶의 마지막 끈을 놓지 않으려는 의지를 지닌 산 사람처럼 보인다. 모든 살점이 떨어져나간 해골마저도 사색에 잠긴 모습이다. 아이를 밴 임산부의 자궁은 열매를 맺은 꽃봉오리 모양으로 그려 생산의 의미를 표현했으며, 오줌을 걸러내는 방광은 벽면에 하수가 흐르는 작은 도랑을 그려 넣어서 소변이 걸러지는 기능을 에둘러 표현했다. 그들은 눈앞에 있는 시신을 해부하면서도 삶이 빠져나간 죽은 몸을 상상할 수 없었나 보다.

그러나 근세 이후 해부학에서는 삶의 풍부한 맥락과 발랄함이 점차 사라지고 순수한 물질만 남게 되었다. 관찰과 분석의 단위도 기관과 조직, 세포로 좁아지더니 이제는 세포의 핵 속에 들어있는 염색체, 그 가운데 핵산이라는 물질(DNA)에 생명에 관한 모든 정보가 담겨 있다고 믿게 되었다. 얼마 전에는 그 정보를 모두 해독했다는 발표까지 났다.

그렇다면, 이제 생명의 신비는 모두 풀린 것일까? 전혀 그런 것 같지 않다. 이 사실은 어느 누구보다도 유전정보 해독에 매달려온 연구자들이 더 잘 안다. 이들은 인간게놈프로젝트의 완성은 유전체구조를 대강 파악한 것일 뿐, 이들의 기능과 작용을 밝히려면 지금까지 해 온 것보다 훨씬 더 많은 노력이 필요하다는 걸 잘 알고 있다.

이제 우리는 인간 염색체의 DNA를 구성하는 30억 쌍의 염기 서열을 모두 알게 되었지만, 이런 지식이 우리의 삶과 어떻게 연관되었는지 생각해 보면 그저 막연할 뿐이다. 이것은 우리가 모든 것을 구조 그 자체로만 보고, 왜 그런 구조이며 그 구조가 우리가 살아가는 삶과 어떻게 연결되는지는 따져보지 않았기 때문이다.

21세기 의학은 인식과 방법의 폭력에서 벗어나 생생한 삶의 현장 위에 다시 세워야만 한다. 그러기 위해서는 근거 없는 무병장수의 환상을 퍼뜨릴 것이 아니라, 앎과 삶이 하나였던 과거를 되짚어가며 공부해야 한다. 그래야 새로운 눈으로 지금의 앎과 삶을 바라볼 수 있다.

나는 몸이다

　인생이란 무엇인가? 어떤 사람은 고행苦行이라고 하고, 어떤 사람은 자아를 완성하는 과정이라고도 한다. 이 물음에 어떤 답을 하는가에 따라 그 사람이 살아가는 삶이 크게 달라질 수도 있다. 종교와 철학은 이런 물음에 적절한 답을 줌으로써 삶의 형태에 큰 영향을 끼친다고 할 수 있다.

　종교와 철학은 인류에 크게 해가 되는 방식으로 작동해 무자비한 폭력을 정당화하는 도구가 되기도 한다. 세계 곳곳에서 벌어지는 종교전쟁과 인종청소는 잘못된 철학의 소산이다. 개인의 인생을 국가번영의 수단으로 삼는 제국주의나 나치의 유대인 학살, 일본 군국주의자들이 저지른 생체실험도 잘못된 종교와 철학의 결과다.

　이러한 어긋난 신념을 심어준 사람들은 다름 아닌 지식인이었으며, 그러한 지식인 가운데 인간의 생명을 구할 것을 맹세한 의사들도 여럿 있었음을 기억해야 한다. 그들은 사람을 몸과 정신으로 나눠 정신에 상처를 남기지 않고, 몸만 실험 도구로 쓸 수 있다는 말로 자신들의 행위를 정당화한다. 그렇지만 이런 말도 안 되는 논리를 우리들도 거들고 있다는 생각이 든다.

　혹시, 해부학 실습실에서 죽은 몸을 열어보면서 그것을 물질의 덩어리로만 여기지는 않는가? 내 몸의 일부를 기계나 다른 사람에게서 얻은 장기로 바꾸면서 내 몸을 하나의 기계라고 생각하지는 않는가?

의학은 분명 자연과학의 하나다. 자연과학에서는 진리를 발견하기 위해 냉철한 이성을 바탕으로 삼는다. 합리성과 보편성을 지닌 진리를 찾다보면 사람의 감성은 방해가 될 때가 있다. 체세포를 이식해 인공으로 배아를 복제하는 기술을 개발한 것은 바로 그러한 객관과 합리에 맞는 진리를 발견하려고 생명에게서 느끼는 감성을 잠재웠기 때문이다.

그러나 의학은 인문학이기도 하다. 인문人文은 '사람의 무늬'를 뜻한다. 사람들은 저마다 다양한 무늬를 지녔으며 몸으로 무늬를 드러낸다. 의사는 사람들의 몸에 나타난 무늬를 읽고 해석하며 그 속에 감추어진 의미를 찾아내는 일을 하는 사람이다. 그 무늬는 눈으로 확인할 수 있는 구조와 형태의 변화, 검사수치로 나타나기도 하지만 아무런 형태를 갖지 않는 내면의 울림으로 다가오기도 한다.

몸은 과학을 통해 그 진실이 드러나는 탐구의 대상이지만 동시에 어떤 과학으로도 파악할 수 없는 삶의 무늬이기도 하다. 의학의 대상은 바로 그런 몸이다. 그리고 내가 환자든 의사든 관계없이 나 역시 바로 그 몸이다.

앎과 삶이 하나인 몸

사람들은 차가운 이성과 합리가 지배하던 근·현대에 식상해하며 이제 몸에서 대안을 찾으려 한다. 그러나 우리가 그 몸에서 찾고자 하는 것이 과연 무엇인지에 대해서는 다양한 견해가 있다. 어떤 때는 억눌려 있던 욕망을 긍정하기 위한 몸을 말하기도 하고, 몸을 자연 또는 사회의 환경과 나를 연결시켜 주는 매체로 생각하기도 하며, 신체검사와 유전자검사 등을 통한 생체정보가 몸에 대한 권력이 된다는 주장도 있다.

공상과학 영화에서는 곧잘 몸의 개념을 뒤엎는, 인간과 기계의 합성체인 사이보그가 등장하는데, 영화가 아닌 현실에서도 사이보그는 존재한다. 컴퓨터와 자동차는 이미 우리 몸의 일부가 되었으며, 인공치아와 인공관절, 인공심장을 자기 몸의 한 부분으로 받아들이기도 한다. 좋은 직장과 좋은 혼처를 얻기 위해, 혹은 자신의 만족을 위해 많은 사람들이 위험을 무릅쓰고 성형수술을 한다. 이제 사람들은 타고난 몸으로 살지 않고 몸을 만들어가며 살아간다. 심지어, 만성병에 걸린 아이에게 골수를 주려고 그 아이의 몸과 동일한 유전형질을 지닌 또 다른 아이를 '생산'하기도 한다.

몸 담론이 유행하게 된 이면에는 이와 같이 몸의 정체성에 대한 전통 개념이 흔들리고 있는 현실이 자리 잡고 있다. 몸의 정체성은 고정불변이 아니다. 우리가 생각하는 몸은 근대 이후 유럽을 중심으로 형성한 자아 중심의 세계관으로 구성한 몸이지만 아직 근·현대의 세계관을 받아들이지 않는 종족과 문화도 많다.

근대서양의 세계관에서 몸은 물질일 뿐이며 그것을 지배하는 것은 그 몸과는 전혀 다른 '정신' 또는 '자아'이다. 여기서

'나'는 내 '몸(body)'과 전혀 다른 존재이다. 나는 몸을 '지니고' 있지만 그 몸과는 전혀 다른 삶을 살아갈 수도 있다. 그렇지만, 이러한 논리는 공교롭게도 '몸'에 대한 인간의 지배력만 키운 꼴이 되었다.

서양인들이 몸을 육체와 정신으로 나눔으로써 각 방면에서 착실하게 성과를 올리고 있는 동안 동양인들은 대체로 영靈과 육肉이 뚜렷이 구분되지 않는 몸을 살았다.

허준이 쓴 『동의보감東醫寶鑑』을 보면 몸을 육체와 정신이 아닌, 정精·기氣·신神으로 나누었다. 정은 몸의 뿌리이며 생명의 원천이고, 기는 정의 아버지이며 신의 할아버지다. 또, 신은 정신활동의 주체가 된다. 정은 인간의 가장 근본이 되는 물질이며 개체 보존을 위한 생식 활동에 관여한다. 기는 정보다는 한 단계 높은 몸의 생리를 담당하는 요소이다. 신은 정보다도 더 높은 것으로 인간의 감정과 심리를 담당한다.[1] 여기서는 물질인 몸과 그것을 관장하는 초월의 존재를 구분하지 않을 뿐 아니라 몸의 구조와 그 기능도 나누지 않는다. 우리는 오랫동안 이러한 사고방식이 우리의 근대화를 늦춘 병폐라고 여겨왔다. 그러나 이제는 되살려야 할 우리의 소중한 문화자산으로 봐야한다는 주장도 있다.

그렇다면, 주체와 자아의 두꺼운 껍질을 벗은 몸은 어떤 모습일까? 나는 그것을 '앎과 삶이 하나인 몸'이라고 부른다. 앎과 삶이 하나인 몸속에는 주체와 객체, 물질과 비물질이 한데 섞여있다. 나는 내 몸을 갖는 것이 아니라 내 몸과 친해지며,

몸으로 살아갈 뿐이다. 내 몸은 지식과 생활의 주체이자 그것들을 담아내는 그릇이다. 나는 몸속에 세상을 새겨 넣음으로써 세상을 알고, 몸을 통해 세상을 만나며, 몸과 더불어 세상을 살아간다. 곧, 나는 몸인 것이다.

몸은 세상과 소통한다. 세상이 내 몸 속에 배어들어올 때 나는 진정한 앎을 얻는다. 이렇게 몸에 밴 앎은 삶과 마주치면서 새로운 앎으로 변해간다. 이러한 순환은 끊임없이 반복된다. 세상에서 얻은 지식은 생물학에서 말하는 것처럼 두뇌에만 저장되는 것이 아니라 내 팔과 다리, 내 마음 속에도 새겨진다. 내 몸은 마음이고 마음이 내 몸이다. 몸은 물질이면서 정신이고 추상이면서 눈에 보이는 현실이다. 그래서 몸은 하나의 문화 공간이 된다. 몸은 육체와 정신으로 나뉜 것이 아닌, 그저 '몸'일 뿐이다.

몸을 통해 삶을 읽는다

우리는 쉽게 몸을 앎과 삶의 결합 또는 그것의 결과물로 생각하지 못한다. 그것은 한가한 철학자가 즐기는 사유의 모험이나 이상일 수는 있어도 바쁜 현대인에게는 공허한 외침일 뿐이다. 그렇지만 나는 이 책에서 이 같은 현실에 도전해 보려고 한다. 우리가 철석같이 믿고 있는 상식마저도 어느 정도는 역사와 문화의 산물임을 보여주고, 우리의 상식은 어떻게 만들어졌고 앞으로 어떤 방향으로 흘러갈 것인지 그리고 우리의 의학은 변해가는 상식의 흐름에 어떻게 대응해야 할지 생각해볼 것이다.

우리가 가진 몸에 대한 의학상식이 처음부터 상식이었던 것은 아니다. 역사와 문화, 시간과 장소가 달라지면 몸에 대한 상식 또한 달라진다. 현재 의학상식이 과거의 시점에서는 궤변과 억측이 되기도 한다. 의학의 역사는 상식에 대한 투쟁의 연속이다. 상식에 대한 도전이 없었다면 현재 발전한 의학의 모습도 없다.

위와 같은 논리로 말한다면 현재 의학마저도 변해가는 상식의 흐름 속에 있는 것이 된다. 따라서 우리는 현재의 의학을 진행형으로 여겨야 한다. 그래야만 의학사의 전체 모습을 조망할 수 있다. 현재의 상식을 기준으로 과거의 의학을 재단한다면 과거 상식에 도전한 의학사의 영웅들을 제대로 평가할 수 없게 된다. 지금의 의학이 과학이라고 해서 과거의 의학 상식을 모두 쓸모없는 잡동사니라고 생각한다면 과거의 참된 모습은 영영 드러나지 않을 것이다.

따라서 '익숙한 것에 낯설어지기'와 '낯선 것에 익숙해지기'의 전략에 따라 '익숙한 것'(현대 의학)을 괄호 속에 묶어두고 낯선 과거의 모습을 되도록 그때의 눈으로 바라보려고 노력해야 한다. 그리고 괄호를 풀어 과거에 익숙해진 눈으로 지금 우리의 모습을 바라보는 것이다.

이 전략이 완벽한 논리를 지닐 수는 없다. 눈이 없이는 아무것도 바라볼 수 없듯이 어떤 관점이 없다면 어떤 이야기도 구성할 수 없기 때문이다. 글을 쓰는 사람 역시 역사 속에 있으므로 아무리 객관성을 띄려고 노력한다 하더라도, 글에는 글쓴이의 시선이나 편견이 들어가기 마련이다.

괄호 속에 묶인 현대의 의학을 어떤 흐름들을 타고 온 작은 배라고 상상해보자. 그리고 우리는 그 배의 승객이 되는 것이다. 이제 우리가 타고 온 흐름을 거슬러가 본다. 우리는 그 흐름 속에 있으므로 전체의 모습을 조망할 수는 없지만, 그 여정에서 만난 풍경을 통해 흐름의 경로를 재구성해 볼 수는 있을 것이다.

우리가 타고 있는 작은 배는 바로 현대 의학이다. 거기에 타고 있는 우리들은 우리가 알아가야 할 몸이다. 그리고 강변에 보이는 풍경들은 그러한 지식의 배경인 삶의 모습이다. 더 거슬러가다 보면 버린 배들이 보이는데 그것들은 우리가 타고 온, 그러나 이젠 쓸모가 없어진 과거의 몸을 담았던 지식의 틀, 즉 과거의 의학들이다.

시야를 더욱 넓혀 우리가 통과한 흐름을 한꺼번에 본다고 상상해 보자. 작은 물줄기도 있고 이것들이 합쳐진 큰 물줄기들도 보인다. 그 가운데 근대의학이라는 큰 물줄기에 합쳐졌거나 거기서 갈라진 흐름만을 따라가 본다.

일단 이성과 합리라는 근대의 정신이 중세와 다른 큰 물줄기를 만든다. 의학이 이런 흐름을 타기 시작하자 해부학과 생리학이 발달해서 사람의 몸을 구조와 기능으로 구성된 기계로 생각하게 된다. 마취와 소독이 발명되자 몸이라는 기계는 해체와 조립이 가능해진다. 외과술의 비약적 발전은 이러한 사상과 기술의 결합이 있었기에 가능한 것이었다. 하지만 다른 한편에서는 몸을 사회와 연결된 유기체로 보려는 사회의학의 흐름이 근대의학의 큰 흐름에 합쳐진다.

이 큰 물줄기 곁에는 작은 흐름들도 있는데 그것은 주로 근대의학의 큰 물줄기에 합쳐지지 못하고, 작은 물줄기를 형성한 전통의학이나 대안의학들이 근대의학에서 갈라져 나온 작은 물줄기들과 합쳐지려는 형국을 하고 있다. 이제부터 그 흐름들을 따라가면서 물줄기의 방향을 바꾼 사람들과 당시의 상황을 만나보자.

그들의 사상을 통해 우리가 지금 상식으로 받아들이는 '근대의 몸'이 탄생했다. 이 상식이 언제까지 상식으로 머물러 있을지 가늠해 보는 것도 역사를 공부하는 재미일 것이다.

우상의 파괴

　원시 시대에 우리의 몸은 자연에 머물렀다. 몸과 떨어진 마음은 존재하지 않았고 마음과 연결된 몸이 바로 자연이었다. 신神 또는 영靈을 발견하거나 창조해, 숭배하기 시작하자 문명이 발생했다. 문명은 신이나 영과 소통할 능력을 지닌 매개자가 필요했고 무당이나 주술사가 그 일을 맡았다. 신과 영은 질병을 포함한 인간사를 주재하는 존재로 무당과 주술사를 통해 인간을 지배했다. 무당의 몸은 온갖 신령과 사람이 만나는 곳이다. 최초의 의학은 주술이고 최초의 의사는 무당인 것이다.

　문명이 더 발달하자 신들 사이에 위계질서가 잡히고 분업이 이루어졌다. 의술을 담당하던 아폴론 신은 그 역할과 임무를 아스클레피오스, 히게이아, 파나세아에게 나누어주는데 현대의 직업으로 따지면 그들은 각각 의사, 간호사, 약사에 해당한다. 사람들은 병이 나면 신전에 가서 기도, 목욕, 운동을 하고 연극(주로 비극)도 관람하면서 그 병을 이기려고 했다. 이 시기의 의사는 분업 체계를 갖춘 신들이었다.

의학을 신령의 세계에서 인간세계로 가져온 최초의 의사가 바로 그 유명한 히포크라테스다. 그는 질병은 자연 현상일 뿐, 신들의 장난으로 생기는 것이 아니라고 믿었다. 그는 병의 원인으로 신성神性이 아닌 기후, 풍토, 음식, 섭생 등 자연 요인을 꼽았다. 병의 진단과 치료에 자연 현상에 관한 이론을 적용한 그는 모든 것을 신이 관장한다고 믿던 당시의 눈으로 보면 이단아였다.

그러나 최초의 이단은 시간이 지나면서 독단으로 변해간다. 히포크라테스를 이은 로마의 대의사 갈레노스는 동물실험과 해부를 통해 중요한 발견을 많이 했다는 점에서는 무척 근대에 가까운 사람이다. 하지만 4원소설과 4체액설에 근거한 생리학과 병리학을 절대불변의 법칙으로 여겨 더 이상의 발전을 가로막은 점에서는 여전히 고대의 독단론자였다. 일단 독단이 자리를 잡자, 새로운 발견들은 기존의 이론을 수정하거나 버리기 위한 자료로 활용되지 않고, 기존 이론을 강화하는 방향으로만 해석되었다.

예컨대 르네상스의 지식인인 레오나르도 다빈치가 그린 심장 해부도를 보면, 심실 가운데 벽에 마치 어떤 연결이 있는 듯 그린 걸 볼 수 있다. 갈레노스의 생리학에 따르면 심실 가운데 벽에는 양 심실을 연결하는 구멍이 있어야 한다. 많은 시신을 해부했던 다빈치가 그런 구멍을 보았을 리 없지만 당시 최고의 지성인인 다빈치조차 상식의 벽을 넘지 못하고 보이지도 않은 것을 그려 넣은 것이다. 이렇게 한번 굳어진 상식은 독단에 빠져 약 1,500년 동안이나 유럽의 의학과 유럽인의 몸을 지배했다.

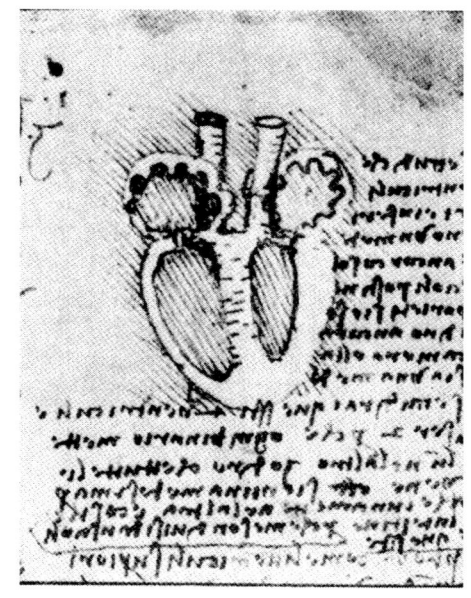
다빈치의 심장 해부도. 마치 심실 가운데 벽에 구멍이 있는 것처럼 그렸다.

이 오래된 상식을 바꾸기 위해서는 기존의 굳건한 상식에 도전할 만큼 의심이 많고 온몸을 부딪칠 용기 있는 이단아들이 필요했다. 물론, 이러한 이단아들이 하늘에서 떨어지는 것은 아니다. 그런 인물이 나기 위해서는 그에 합당한 분위기가 무르익어야만 한다. 결국 상식의 파괴는 용기 있는 인물을 키운 시대의 산물이기도 하다. 이 장에서는 1,500년간 이어진 고대의학의 패러다임을 무너뜨린 이단아들을 살펴보고자 한다.

파라켈수스, 두 시대 사이의 방랑자

의학사에서 파라켈수스Paracelsus(1493~1541)는 보통 중세 우상의 파괴자로 알려져 있다. 그는 고대에서 중세로 이어진 그리스 의학의 전통을 전면 부정하고 새로운 의학의 전통을 세운 선각자다. 그는 학생들이 지켜보는 가운데 체액설에 근거한 정통의학의 상징인 이븐 시나의 『캐논』과 갈레노스의 글을 불태웠으며, 학문의 상징인 라틴어를 버리고 자신의 모국어인 독일어로 강의를 하고 책도 썼다. 당시 천대하던 이발사들의 영역인 외과술과 민간요법을 과감히 의학에 도입함으로써 손에 잡히지 않는 의학 이론을 눈에 보이는 경험과 접목했으며, 약물의 재료를 동·식물에서 광물질로 확대했다. 그의 의학 교과서는 히포크라테스나 갈레노스가 쓴 수많은 책들에 나오는 추상 이론이 아닌 자연 그 자체였다. 그는 수십 년에 걸친 방랑생활에서 얻은 경험을 천문학(점성술)과 연금술, 그리고 신학으로 해석해 독특한 자연철학을 세웠다.

1526년 유명한 출판업자 요하네스 프로벤의 병을 고친 공로로 스위스 바젤 시의 의사 겸 바젤대학의 의학교수로 임명된 그는, 대학교수의 권위를 상징하는 가운 대신 당시 연금술사들이 즐겨 입던 가죽 앞치마를 입고 강의를 했다. 이론만 요란하고 효과와 내용이 없는 고대의학과 위선에 찬 의사들을 향한 파라켈수스의 조롱과 독설의 표현이었다. 심지어 그는 자신의 목덜미에 난 한 올의 털이 모든 의학자들보다 더 많은 지식을 지녔으며, 자신의 신발에 채운 단추 한 개가 갈레노스나 이븐 시나보다 더 지혜롭다고 말했다. 결국 그는 대학에서 쫓겨났고 평생에 걸쳐 방랑을 한다.

이런 행동으로 그에게 '의학계의 루터' '의학의 이단자' '의학의 프로테스탄트(medical protestant)'라는 별명이 붙었다. 실제로 그의 행동은 종교개혁가 루터와 비슷한 면이 많다. 종교의 상징인 로마 교황청의 문서를 불쏘시개로 써 버린 루터처럼 파라켈수스는 의학의 상징인 갈레노스의 교과서를 불태웠다. 또한 면죄부를 팔아 배를 불리던 성직자에 대항해 오직 성서의 복음을 호소한 루터처럼 그는 오직 경험에 따라 질병을 치료했다. 루터가 교회의 면죄부 판매 등을 비판한 95개항을 비텐베르크의 만인성자교회의 문에 붙이고 주교들에게 이를 알린 10년 뒤인 1527년에 파라켈수스는 기존의 의학을 통렬히 비판한 팜플렛 형태의 「통보Intimatio」를 의학교수들에게 보냈다. 이 문서는 고대 자연의학의 문을 연 히포크라테스의 선서처럼 근대 경험의학의 문을 연 선언으로 보아도 손색이 없다.

우리는 의학이 심한 오류에서 벗어나도록 노력해야 합니다. 옛 사람들의 규칙에 휘둘리지 말고, 사물의 본성에 대해 오래 고민하고 여러 실습을 통해 경험을 얻어야 합니다. (중략) 의사가 지녀야 하는 것은 학위, 능변, 언어, 많은 지식이 아니라 오직, 다른 모든 것들을 능가하는 자연의 비밀에 대한 깊은 지식뿐입니다. (중략) 권위에 의존하는 대신 경험과 각자의 의견을 펼칠 때입니다.[2]

이러한 주장에 걸맞게 그는 질병을 체액의 균형이라는 모호한 이론에서 해방시켰다. 그의 질병관은 근대 사유체계의 바탕이라고 할 수 있는 요소를 많이 가지고 있다. 그는 대기 가운데 광물이나 별에서 나오는 독성물질이 자신의 규칙을 우리 몸에 강요해 질병이 생긴다고 설명했다. 질병의 원인을 별과 광물질에서 구한 점에서 그는 점성술사인 동시에 연금술사였다. 이후, 점성술은 과학과 거리가 멀다고 생각해 버려지는 신세로 전락하지만 광물질을 포함한 다양한 자연물에서 약물의 재료를 구한 파라켈수스는 근대 화학요법의 선구자로 남는다.

이처럼 파라켈수스가 의학에서 과감한 주장을 한 배경에는 절대 권위에 도전한 종교개혁의 거대한 흐름이 있었다. 이밖에도 르네상스와 휴머니즘, 포르투갈과 스페인이 발견한 대륙과 인쇄술의 발명이 이단아를 탄생시킨 든든한 시대 배경이 되었다. 르네상스와 휴머니즘은 권위에 대한 대결을 정당화했고, 새 대륙의 발견에 따른 경제 성장은 이러한 활동에 물질의 토대를 제공했으며, 인쇄술의 발명은 새로운 사상을 널리 퍼뜨릴 수 있도록 해 주었다.

파라켈수스는 종교개혁과 르네상스 같은 사회·문화·종교의 변화 속에서 자신의 주장을 펼쳐나간 시대의 이단자였지만, 시대로부터 완전히 자유로울 수는 없었다. 이는, 그렇게도 기존의 권위를 미워하던 그가 결코 가톨릭을 버리지 않았다는 사실에서 드러난다. 의학에서는 프로테스탄트였지만 종교는 여전히 가톨릭이었던 것이다. 그는 평생 유럽 전체를 떠돌아

다닌 방랑자였을 뿐 아니라, 과거와 현재를 끊임없이 오간 시대의 방랑자이기도 했다.

그는 부랑인, 백정, 농부, 이발사처럼 천하고 무식한 자들에게 배우기를 망설이지 않았다. 그러나 그렇게 알아낸 사실과 현상 뒤에는 반드시 어떤 영의 힘이 있다고 생각했다. 이것이 그가 주장하는 '경험과 고유한 숙고'의 방법이었는데, 경험을 중시한 점에서는 근대에 들어맞지만 고유한 숙고의 방식은 무척 신비로운 것이었다. 그는 요정과 신령들에 대한 농부들의 이야기에 맞장구를 치면서도, 한편으로는 모든 물질을 유황, 수은, 소금으로 분류하는 화학의 자연철학을 제시한다. 여기에 나오는 유황, 수은, 소금 등은 지금 우리가 생각하는 물질이 아닌 신비로운 힘을 지닌 '원리'이다. 이처럼, 파라켈수스는 신비주의와 합리주의를 묘하게 결합한 야누스의 얼굴을 지닌 의학자이며 철학자다.

그가 모든 질병에는 고유한 외부의 원인이 있다고 본 점을 생각하면 근대의학의 선구자지만, 사람의 몸을 열어 그 생김새를 관찰하는 해부학에 적대감을 드러낸 점을 보면 여전히 중세의 신비주의자라고 할 수 있다. 연금술사로서 근대 화학의 바탕을 쌓은 점은 훌륭하나, 원소를 물질이 아닌 영의 원리로 파악하거나 순수한 경험이 아닌 사유에 토대를 둔 이론체계를 세웠다는 점은 근대 과학과 거리가 멀다.

그러나 혹시 근대 합리성이라는 사상의 덫에 갇힌 우리들이 지닌 편견 때문에 이런 평가를 내리는 것은 아닐까? 근대

과학은 무조건 옳으며 이전의 논의들은 여기에 이르는 과정일 뿐이라는 생각은 과연 정당한가? 모든 것을 신과 영의 힘으로 파악하는 중세의 직관과 몸과 마음, 물질과 정신의 세계를 분리해 전혀 다른 범주에 두는 근대의 직관은 옳고 그름의 문제인가, 아니면 단순한 '다름'의 문제인가?

우리는 아직 이 물음에 대답할 준비가 안 되어 있다. 다만 파라켈수스에 이르러 중세의 상식이 무너지기 시작했고, 관찰을 중시하는 근대 사유양식이 싹텄지만 중세 사유의 찌꺼기를 말끔히 털어내지는 못했다고 말할 수 있을 뿐이다. 점성술과 연금술, 그리고 자연현상에 대한 신학의 해석이 바로 중세의 찌꺼기들이다. 그러나 이것들을 순전히 털어내야 할 중세의 미신으로만 볼 수도 없다. 많은 과학사가들이 말하는 것처럼 점성술과 연금술은 근대 천문학과 화학에 연결되며, 자연현상을 신학으로 해석하는 것은 근대의 합리론에 대응하는 나름의 형이상학이지 근대의 체계에 비해 열등하거나 잘못된 체계는 아니기 때문이다.

아무튼 파라켈수스가 중세와 근대의 사유형태를 혼합한 독특한 의학 사상가였다는 점에 대해서는 이견이 없는 것 같다. 하지만 그의 생각이 어떻게 근대 의학사상에 흘러들어 지금 상식으로 여겨지는 몸의 개념을 만들어 냈는가에 대해서는 더 많은 연구가 필요하다.

근대 의학사상의 흐름은 몸에서 초월의 요소가 사라지면서 단순한 기계로 되어가는 과정이라고 할 수 있다. 중세 유럽의 의학사상이 목적을 중심으로 세계의 질서를 끼워 맞추는 '목적의 형이상학'이었다면, 파라켈수스의 의학사상은 현실과 경험이 중심이지만 여전히 현실과 거리가 먼 사유를 중시하는 '신비로운 경험론'이라고 할 수 있다. 데카르트에 이르면 신비 요소와 경험요소가 함께 사라진 '기계 합리론'이 주류를 이루게 되며 프로이트에 이르면 몸에서 떨어져 나온 마음마저도 기계 합리론에 근거한 추론의 대상이 된다.

데카르트, 기계 속 영혼

근대정신의 표상인 철학자 데카르트는 뛰어난 수학자이며 의학자다. 지금도 프랑스 고교생의 필독서이며 백여 개 이상의 언어로 번역해 수백만 명이 읽는다는 『방법서설』은 의심할 수 있는 모든 것을 의심함으로써 우리가 무엇을 알 수 있으며, 어떻게 그것을 알 수 있는지에 대한 확실한 근거를 찾으려고 한다. "나는 생각한다. 그러므로 나는 존재한다(Cogito ergo sum)"는 유명한 명제는 그가 이 같은 회의를 통해 도달한 결론이었다.[3]

하지만 그는 어떻게 생각과 존재를 원인과 결과의 관계로 파악할 수 있었을까? 그는 지식이란 형이상학이 뿌리이고 자연학이 줄기이며 도덕과 실용에 충실한 학문이 열매인 나무라고 생각했지만, 어쩌면 거꾸로 형이상학과 자연학이 당시 기술의 발전과 실용 학문의 열매라고 생각할 수도 있지 않을까?

그는 존재와 확실성의 근거를 의심할 수 없는 '사유'에 두었지만 실은 사유마저도 삶의 영향에서 자유롭지 않다고 볼 수 있는 것 아닌가?

데카르트가 활동한 당시 유럽에서는 항해술의 발달로 수많은 지리상의 발견이 이루어졌고, 이를 통해 막대한 부를 쌓았으며, 르네상스를 통해 인간가치에 대한 새로운 평가를 하고 있었다. 교회의 권위에 눌려 널리 퍼지지는 못했지만, 코페르니쿠스와 갈릴레이가 주장한 태양이 우주의 중심이라는 사상이 자리를 잡았다. 천체의 운동을 초자연의 섭리가 아닌 자연의 원리로 설명할 수 있는 가능성이 열린 것이다. 또, 시계를 발명함으로써 자동으로 움직이는 기계에 대한 기대와 열망이 높아졌다. 데카르트는 이 같은 시대의 정신을 자신의 철학과 의학에 담아서 '기계 합리론'을 만들어냈다.

엄밀하고 확실한 불변의 답을 갖는 수학이 모든 학문의 모델이 되었고, 논리학과 수학이 아닌 다른 학문에도 절대 확실성을 갖고 알 수 있는 것이 있다고 믿었다. 그러나 절대 확실성을 담보하려면 마음이나 정신과 같은 모호한 개념을 배재해야만 했다. 그래서 몸과 마음을 전혀 다른 실체로 분리하는 심신이원론이 탄생한다. 몸과 마음뿐 아니라 정신과 물질, 주체와 객체, 관찰자와 관찰대상을 분리한다. 이것이 바로 모든 산업사회를 지배하고 있는 '데카르트식 이원론'이다. 물론 그의 이원론은 '인간이 곧 정신'이라는 결론에서 끌어냈기에 이를 천박한 유물론으로 몰아붙이는 것은 옳지 않다. 그렇지만 그의 추종자들은 물질 이외의 어떤 것도 인정하지 않는 기계 유물론으로 발전시켰다.

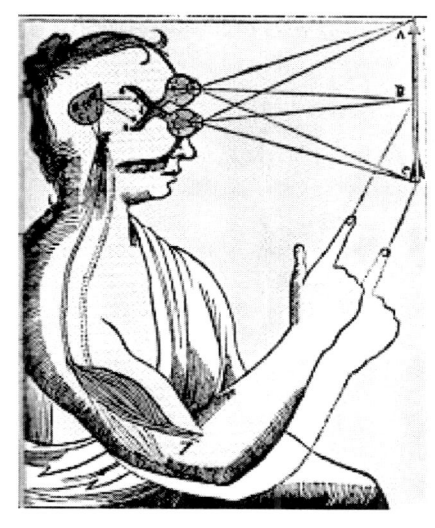

데카르트의 『인간, 태아발생론』에 나오는 시각과 운동의 관계를 나타내는 그림.

반면에, 인간은 사유하는 마음이며 육체는 운동하는 연장이라는 데카르트의 심신이원론은 어떤 형식으로든 둘 사이의 연결고리를 찾아야 했다. 그는 뇌 속의 송과선이라는 곳에서 둘이 연결된다고 생각했다. 마음은 송과선을 제외한 육체의 어떤 부분에서도 영향을 받지 않는다. 감각은 신경을 통해 전달된 입자(물질)들의 운동이 송과선에 전달되었을 때 마음에 보내는 신호라고 한다. 예컨대, 눈으로 들어온 이미지는 입자들의 운동으로 송과선으로 전달되고, 이렇게 전달된 이미지와 송과선 사이의 반응으로 운동이 일어난다.

그렇다면 물질과 마음 사이에 어떤 인과 관계가 성립하는데 데카르트의 체계에서 마음은 공간 속에서 움직이는 것이 아니고, 물질의 인과 작용이란 입자의 운동일 뿐이므로 전혀 다른 범주의 현상이 인과관계로 묶이는 오류가 발생한다. 이러한 모순은 그가 살아있을 때부터 제기된 것이다. 그의 제자였던 팔라틴의 엘리자베스 공주는 그에게 "분명 운동은 접촉해야 일어나고 접촉하려면 연장이 필요하며 영혼은 연장되어

있지 않은데 어떻게 영혼이 육체를 움직일 수 있는가?"하는 내용의 편지를 보냈다.[4] 결국 송과선은 사람 속의 사람, 즉 극미인極微人(homunculus)이 되어버리고 그 극미인은 그 속에 또 다른 극미인을 담고 있어야 하는 식의 논리가 무한 반복한다.

이러한 논리의 모순이 있기는 했지만 사람의 몸을 기계로 보고, 그 속에 영혼이 거주한다는 생각은 상당한 인기를 누렸다. 이런 상황은 300여년이 지난 지금까지도 크게 달라지지 않았다. 그래서 우리는 어떤 사상을 어떤 시기에 쉽게 받아들이는 것은 논리의 정합성 때문이기보다는 시대정신과 맞아 떨어지기 때문이라고 주장할 수 있다. 데카르트가 구성한 기계 속 영혼이라는 몸의 관념은 사람들의 마음을 사로잡았고, 이후 의학의 발전에 꼭 필요한 철학의 기초가 되었다.

파라켈수스가 의학을 통해 온몸으로 중세의 우상에 도전한 시대의 이단아였다면, 데카르트는 파괴된 우상의 터에 근대의학의 기초를 닦은 새 시대의 사상가이며 선도자라 할 수 있다. 이제 그 터에 어떤 건축물이 세워졌는지 알아보자.

근대 몸의 발견

근대의 몸은 근대인의 시선으로 바라본 몸을 말한다. 근대인의 시선이란 주체와 대상, 몸과 마음을 구분해 있는 그대로 몸과 대상을 바라보는 것을 뜻한다. 다시 말하면 주체를 배제한 대상, 마음을 배제한 몸을 읽는 것이다. 그러한 상태의 몸과 대상은 옛날부터 있어왔을 것이고 누구나 일상처럼 대했을 텐데 새삼스럽게 근대에 와서야 '발견'했다고 하는 이유는 무엇일까? 그것은 '있는 그대로'라는 관념이 지극히 근대답기 때문이다.

고대인이나 중세인이라고 해서 보이는 그대로 몸을 바라보지 않았을 리 없다. 잦은 전쟁과 사고를 통해 상처 난 몸을 보고, 아픈 몸을 바라보며 몸속을 그려보았을 것이다. 고대에 산 사람을 해체하는 참혹한 형벌을 내린 것이나 죽은 몸을 보존해 미라로 만드는 기술이 발달한 것을 보면, 사람의 몸속에 대한 지식은 상당했을 것이다. 그런데도 근대 의미의 해부학이 발달하지 않은 것은 몸을 바라보는 시선이 근대인과 많이 달랐기 때문이다. 고대인의 시선은 있는 그대로 몸을 바라보지 않았다. 어쩌면 '있는 그대로'라는 관념 자체가 근대인의 발명품인지도 모른다.

몸에 대한 고대인과 근대인의 시선은 어떻게 다를까? 고대의 시선은 어떤 과정을 통해 근대의 시선으로 변하는가? 그렇게 달라진 시선으로 바라본 몸은 어떻게 드러날까? 달라진 몸의 시선은 의학의 모습을 어떻게 바꾸었을까? 이 장에서는 이런 물음에 답해보려고 한다.

몸을 열어 본다

고대와 중세 시기에는 형벌이나 사후세계의 삶을 위해 산 몸이나 죽은 몸을 해체했어도, 그 속에 들어있는 장기와 조직의 생김새나 위치, 크기, 질감, 빛깔에 크게 주의를 기울이지는 않았다. 중국 전한 시기에 대역 죄인을 해부한 기록이 있지만 각 장기의 구조나 형태에 관심을 두기보다는 그 죄인의 염통이 얼마나 무겁고 창자의 길이가 얼마나 되는지에 대해서만 기록했다. 이는 사람 몸의 일반 특성이 아닌 대역죄인의 '특별한' 몸에 관심을 두었기 때문이다. 그렇다면 염통과 창자의 구조, 질감, 색상이 아닌 무게와 길이를 중요하게 여긴 까닭은 무엇일까? 죄인의 도덕을 그와 같은 측정치로 계량화할 수 있다는 당시의 상상력이 반영된 결과가 아닐까? 당시, 사람의 몸은 탐구의 대상이 아닌 도덕성을 담는 그릇으로 여겼고, 해부는 몸의 구조와 기능을 파악하기 위한 수단이 아닌 지은 죄에 대한 형벌이었으며, 심장과 창자의 무게와 길이는 죄의 원인으로 여겼다. 당시의 문화에서 현재와 같은 해부학은 생각할 수조차 없었을지 모른다.

소설과 드라마로 만든 '허준'을 보면 허준이 스승 유의태의 시신을 해부하는 장면이 나온다. 그러나 이 이야기는 순전히 현대의 상상력을 전근대 의학에 그대로 적용한 잘못된 추론의 결과이며 문화 폭력의 소산이다. 스승의 시신을 해부하는 것이 폭력이라는 것이 아니다. 단지 해부학을 중심으로 삼은 현재의 의학 상식을 오장육부의 조화가 중심인 당시 조선의 의학에 그대로 적용한 것이 폭력이라는 것이다. 이 이야기가 사실이 아닌 허구일 뿐이라는 것은 『동의보감東醫寶鑑』에 나오는 오장도와 신형장부도를 보면 금세 알 수 있다. 오장도는 오장五臟을 오행五行에 대비시켜 표현하며, 신형장부도는 살아 있는 사람의 몸 안에서 정기신精氣神과 오장육부가 어떻게 운행되고 있는지를 보여주고 있다. 이처럼 당시의 한의학에서는 장부의 실제 생김새나 구조가 주요 관심사가 아니었던 것이다.

무대를 유럽으로 옮겨보아도 사정은 다르지 않다. 중세 유럽의 의학에서 인체 해부학은 별 의미가 없었다. 인체해부에

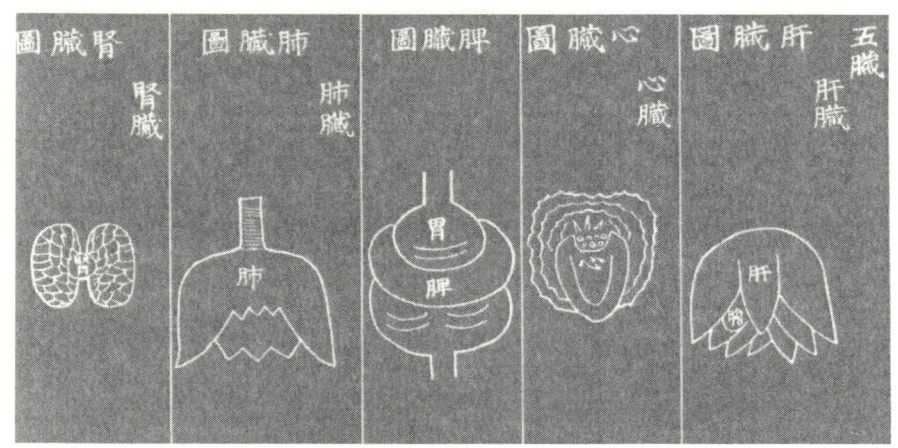
『東醫寶鑑』의 오장도

대한 교회의 규제 때문이기도 하지만, 무엇보다 몸안의 액체를 중심으로 질병을 설명한 당시의 의학은 형태와 구조를 중심으로 하는 해부학이 필요하지 않았기 때문이다. 중세 유럽에서도 사람의 몸은 보편의 진실을 드러내는 연장延長(extension)의 '실체'라기보다는 다양한 삶의 '현상'을 드러내는 장소에 불과했다.

그러나 16세기가 되자 죽은 사람의 몸을 열어보고 그런 몸을 '보이는 대로' 묘사하는 일이 점차 늘어난다. 몸의 현상이 아닌 몸의 모습을 중요하게 여긴 것이다. 볼로냐와 파두아 대학을 중심으로 근대 의미의 해부학이 발전하는데, 이 또한 현대의 의과대학에서 시행하는 인체해부와는 그 의미와 방식이 매우 다르다. 이들 대학에서 하는 인체해부는 의학 지식의 습득을 위한 은밀한 '학습'이 아닌, 관중 앞에 공개하는 '공연'의 성격이 강했다. 여기에는 두 가지 이유가 있었다.

첫째로 그렇게 함으로써 유럽 여러 나라의 학생을 끌어들여 도시와 대학이 경제 이익을 얻고, 둘째로 대학의 의사들이 자신들이 몸을 해부할 만큼 객관과 합리에 바탕을 둔 지식을 추구하는 사실을 과시함으로써 대학과는 거리가 먼 의사들보다 낫다는 것을 보여줄 수 있기 때문이다. 요컨대 16세기 유럽의 해부학은 객관성과 합리성을 지닌 지식의 대명사였으며,

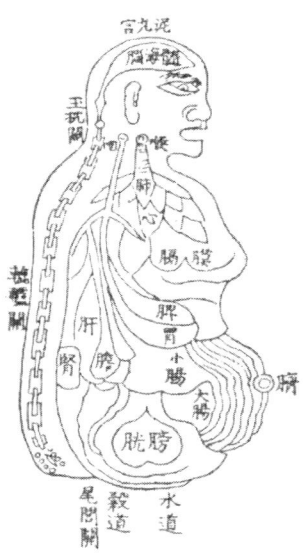

『東醫寶鑑』의 신형장부도

지식의 권위를 퍼뜨리는 수단이었을 뿐만 아니라, 이익을 얻을 수 있는 상업수단이기도 했다.

해부학이 합리성에 기초한 지식의 대명사가 된 것은 주로 천체의 운동을 기계에 견주어 설명함으로써 주목을 받기 시작한 천체물리학 때문이다. 코페르니쿠스가 쓴 『천구의 회전에 관하여』는 교회와 부딪치지 않으려고 죽기 직전에 출판했지만, 당시 지식계에 큰 영향을 미쳤음에 틀림없다. 의학자들 가운데 우주가 기계의 작동에서와 비슷한 인과관계에 따라 움직이고 있다는 주장에 빠진 사람들이 꽤 있었을 테고, 그 논리를 몸에 적용하려는 욕망과 의지를 지닌 사람도 있었을 것이다. 요컨대, 체액의 균형이라는 추상 이론에서 벗어나 죽은 몸을 열어보고 '보이는 대로' 모습을 그리고 작동원리를 찾아낼 생각을 하게 된 배경에는 우주의 구성원리라는 천체물리학의 사

고방식이 있었다. 세계에 대한 시선을 크게 바꾼 코페르니쿠스의 『천구의 회전에 관하여』와 서양근대의학의 토대를 쌓은 베살리우스Andreas Vesalius(1514~1564)가 쓴 『인체의 구조에 관하여De Humanis Corporis Fabrica』가 발간된 해가 똑같이 1543년이라는 사실은 단순한 우연을 넘어 사상사에서 큰 의미를 지닌다.

『인체의 구조에 관하여』가 큰 성공을 거두고, 체액의 균형이 아닌 몸의 구조와 기능을 중심으로 하는 근대의학 사상의 뿌리가 된 것은 베살리우스 개인의 뛰어난 능력 때문만은 아니다. 몸에 대한 객관의 사실을 발견하려는 앞선 관찰의 시선과 그것을 가능케 한 기계의 세계관, 관찰한 것을 멋진 그림으로 표현해 낸 화가의 예술 감각과 표현력, 그것을 대량으로 복사해 내는 인쇄술의 발달들이 어우러진 시대의 산물이라고 하는 것이 더 정확한 표현일 것이다.

이 책은 서양의학을 근대의 사상체계로 바꾸는 토대가 되었고 이후의 서양의학사는 이전의 모습과 크게 달라진다. 서양의학이 근대로 전환하는 중심 개념은 '보이는 대로·있는 그대로·객체로서의 보편성을 지닌' 몸이다. 이후 의학의 모든 연구는 '몸의 보편성'에서 출발하는데 그 뿌리는 바로 베살리우스다. 몸이 형태와 구조의 보편성을 확보하자 이어서 기능의 보편성을 추구하는 근대 생리학이 나왔고, 그 기능의 단위(장기·조직·세포·분자·유전자)에 대한 탐구가 줄을 잇는다.

이 모든 탐구의 기본 전제는 사람의 몸이 영혼이나 경험을 담고 있어, 객관화할 수 없는 개별 현상이라기보다는 누구에

게나 드러내 보여줄 수 있는 보편의 실재라는 것이다. 이로써 서양의 근대의학은 눈부신 발전을 하지만, 다른 한편으로는 몸의 개체성을 무시하거나 억압하는 부작용을 낳기도 한다.

살아있는 몸에게 묻는다

베살리우스의 해부학은 사람의 몸에 대한 시선에 변화를 몰고 왔다. 그러나 모든 혁명이 그렇듯이 해부학 혁명도 하루아침에 이룬 것은 아니다. 무엇보다도 죽은 몸을 탐구의 대상으로 삼을 수 있다는 '생각'의 혁명이 필요했다. 사람의 몸을 도덕의 공간으로 바라본 동아시아의 문화전통이나, 죽은 몸이 다시 사는 기독교 전통에서도, 몸을 열어 그 생김새를 관찰한다는 생각은 무척 위험한 것이다. 베살리우스는 이러한 문화의 거부감을 뛰어난 예술 감각과 표현력으로 극복하고, 그것을 객관의 관찰과 일치시켜 과학과 예술의 절묘한 조화를 이루어냈다.

그러나 죽은 몸의 모습을 보이는 대로 표현하는 것만으로는 만족할 수 없었는지, 베살리우스는 해부도를 살아있는 사람의 모습으로 그린다. 그는 분명 죽은 사람의 몸을 열어젖혔지만 그 속에서 죽음이 아닌 '삶'의 모습을 찾으려고 했다. 죽은 몸을 열어 살아있는 사람의 모습을 표현한 베살리우스는 분명 몸의 구조를 탐구한 해부학자지만 그 구조들의 생생한 기능을 염두에 둔 생리학자이기도 한 것이다.

죽은 몸에서 알아낸 구조와 형태를 바탕으로 살아있는 몸의 기능을 추론하는 구조 생리학은, 최초로 혈액 순환을 밝힌 하비William Harvey(1578~1657)에 와서 최고에 이른다. 하비는 수많은 몸을 열어본 해부학자지만 몸의 생김새를 파악했을 뿐만 아니라 그 생김새에서 기능을 추론하는 뛰어난 능력을 보여주었다. 그의 추론은 두 가지 관찰에서 출발한다. 하나는 정맥과 동맥의 구조가 달라 혈액의 흐름을 조절하는 밸브는 정맥에만 있다는 것이고, 다른 하나는 심실 사이의 벽에는 어떤 구멍도 없다는 사실이다. 이 같은 간단한 관찰에서 그는 1,500년간 불변의 진리였던 갈레노스의 생리학을 통째로 뒤집는 혁명을 감행한다. 즉, 혈액은 간에서 만들어 정맥을 통해 온몸을 돌다 사라져버리는 것이 아니라 심장에 다시 모여 폐를 통해 산소를 공급받아 동맥혈로 변한다고 주장한 것이다.

베살리우스는 죽은 몸이 생각을 하고 운동을 하게 함으로써 삶을 '표현'했지만 하비는 관찰자 자신의 생각을 통해 혈액이 끊임없이 온몸을 순환하는 사실을 '추론'했다. 하비의 생리학이 근대 과학의 효시인 까닭은, 죽은 몸의 구조에서 산 사람의 기능을 추론했을 뿐 아니라 이 사실을 증명하기 위해 혈액의 흐름을 계산하고, 순환의 불가피성을 설명하기 위해 간단한 실험을 고안했기 때문이다. 하비는 몸의 기능에 관한 추론을 통해 잘못 알려진 구조(심실 가운데 벽의 구멍)를 바로잡았고 당시에 몰랐던 새로운 구조를 예측했다. 혈액이 순환한다면 동맥과 정맥 사이에 어떤 것이 연결되어 있어야 하는데

이 구조는 얼마 지나지 않아 모세혈관이라는 이름으로 그 모습을 드러냈다. 구조를 관찰해 기능을 추론하고 그것을 실험을 통해 증명할 뿐 아니라, 새로운 구조를 예측하는 이 모든 과정이 근대 과학의 표준 방법론이 되었고 이후 서양의학은 이 같은 방법론에 의지해 점차 과학이 되어간다.

그러나 몸의 구조만 보고 생리 기능을 추론하는 일이 그리 간단한 것만은 아니다. 몸의 기능을 혈액의 순환으로만 설명할 수 없을 뿐더러 활용할 수 있는 과학의 연구방법에 한계가 있기 때문이다.

그래서 먼저 신체 기능을 수치로 해석하려는 노력이 이루어졌다. 혈액의 순환 사실이 밝혀지자 그 순환을 가능케 하는 압력(혈압)을 측정하려는 실험을 한다. 영국의 수학자이며 물리학자인 헤일즈Stephen Hales(1677~1761)가 살아있는 말의 경동맥과 경정맥에 구리로 된 탐침을 집어넣어 압력을 측정한 결과 동맥압이 정맥압보다 높다는 사실을 증명했다. 이로써 의학에 생물학의 변수라는 객관성 있는 지표를 도입하고 생리기능은 측정 가능한 수치가 된다.

산토리오Santorio Santorio(1561~1636)는 맥박을 측정하는 기구를 발명했으며 체온을 재기 위해 온도계를 사용했다. 놀랍게도 그는 자신의 몸무게, 음식물 섭취량, 배출량을 측정해 기초대사에 대한 실험을 할 정도로 생물학 기능을 측정 가능한 지표로 나타내고자 했으며, 이런 경향은 오늘날까지도 이어진다.

근-신경계를 중심으로 인체 기능을 설명하려는 사람도 있었다. 폰 할러Georg von Haller(1708~1777)는 몸 조직을 신경섬유와 근육섬유로 나누어 각각 자극을 받아들이고 반응을 일으키는 단위로 삼았다. 컬렌William Cullen(1710~1790)은 이를 발전시켜 생명 자체가 신경의 힘에 따른 것이며, 질병의 발생에 중요한 역할을 한다고 주장했다. 그에게 신경계는 유기체와 환경 사이에 놓인 반응성 여과장치였다.

이처럼, 혈액의 순환과 소화, 대사기능, 근육과 신경계의 감수성과 반응성을 중심으로 몸의 기능을 해석할 수 있던 것은 당시의 과학기술에서 받은 영향 때문이었을 것이다. 특히, 근대과학의 토대가 된 물리학과 화학의 영향이 컸다. 아리스토텔레스에게서 이어진 생물학 사유의 전통은 뉴턴의 물리학 체계로 바뀌었고, 몸의 기능 또한 물리와 화학 반응의 결과로 해석했다. 이 가운데 물리 관계를 중시한 사람들을 의물리학자(iatrophysicist)라 하고 화학 반응을 강조한 사람들을 의화학자(iatrochemist)라고 한다. 이들은 죽은 몸을 열어보기도 했지만, 주로 살아있는 몸을 대상으로 삼은 점에서 이전의 해부학자들과는 다른 점을 지녔다.

'살아있는' 사람을 대상으로 몸의 진실을 캐내기가 그리 쉬운 일은 아니었다. 생체 해부를 한 경우가 있지만, 그것은 몸의 진실을 캐내기 위한 것이라기보다는 주로 큰 죄를 지은 사람에 대한 처벌의 수단이었다. 2차 대전 때 일본과 독일의 의사들이 살아있는 사람을 대상으로 저지른 끔찍한 생체실험은 후세에 경종을 울리는 반인륜 범죄행위로 남았다. 살아있는 몸에서 안전하게 진실을 캐내기 위해서는 사람이 아닌 다른 대상이 필요했고 생리학자들은 동물의 몸에 관심을 갖게 되었다.

생리학의 탐구대상이 사람의 몸에서 동물의 몸으로 옮겨가게 된 사건은 의학사상사에서 무시할 수 없는 의미를 지닌다. 물론 갈레노스의 시대에도 동물을 대상으로 실험을 했고, 이는 현대과학에서 무척 앞선 귀중한 업적이지만, 르네상스시대까지도 이러한 실험 정신은 종교 중심의 문화에 완전히 가려져 있었다. 당시 유럽을 지배한 기독교의 눈으로 보면 동물과 인간을 같은 선상에 둔다는 것은 용납할 수 없는 이단이었기 때문이다. 동물을 생리학의 실험 대상으로 삼은 것은 동물의 몸에서 발견하는 진실을 인간의 몸에도 적용할 수 있다는 가정에 근거한 것이고, 이는 점차 세속화한 당시의 시대상을 반영한 것이라 할 수 있다.

데카르트가 기계로 가정한 몸은 이제 형태와 구조를 넘어 인위의 작동 원리를 알아내야 할 객체인 자연물이 되었고, 마음은 몸에서 떨어진 채 관심의 저편에 머물 수밖에 없었다. 물론, 마음은 프로이트Sigmund Freud(1856~1939)가 독립된 탐구영역으로 자리매김해 지금까지 정신의학의 큰 흐름을 형성하고 있으며, 이따금 몸과 마음의 관계에 주목한 심신상관의학(psychosomatic)이 설득력을 얻기도 한다. 하지만, 큰 흐름으로 보아 현대의학은 마음에서 벗어난 몸의 구조와 기능을 주로 실험을 통해 알아내는 탐구활동이라 할 수 있다. 데카르트가 몸을 어떤 계획에 따라 제작한 기계로 생각했다면 생리학자들은 그 기계가 지닌 기능에 주목했다.

신체라는 기계는 소화계, 신경계, 순환계, 내분비계, 근-골격계, 면역계 등 여러 가지 체계로 구성된다. 마치 자동차를 전기계통, 연료계통, 구동계통 등으로 나누는 것과 같다. 고장난 자동차를 고치려면 먼저 어느 부분에 문제가 생겼는지 밝혀야 한다. 부분을 수리해서 다시 사용할 수 없다면 차라리 새 차를 살 수밖에 없기 때문에 수리는 전체가 아닌 부분을 대상으로 할 수밖에 없다. 의사가 병을 고칠 때도 마찬가지다. 어차피 새 사람을 만들어낼 수는 없으므로 치료의 대상은 몸의 부분이 될 수밖에 없는 것이다. 그러나 문제를 찾아내려면 먼저 자동차의 어떤 기능에 문제가 생겼는지 알아야 한다. 아예 시동이 걸리지 않는다면 배터리를 포함한 전기 계통이 문제일 것이고, 시동 모터는 작동하는데 점화가 되지 않는다면 연료 계통이나 점화플러그에 문제가 있을 가능성이 크다. 이렇게 문제를 쉽게 찾을 수 있는 것은 설계도에 따라 자동차 각 부분의 기능을 미리 알고 있기 때문이다. 그렇지만 생리학자의 탐구대상인 사람의 몸은 설계도에 따라 제작된 기계가 아니다. 자동차 정비공의 임무가 설계한 대로 부품들을 교환하고 수리하는 것이라면, 생리학자의 임무는 각 부위가 어떤 기능을 하는지 처음으로 밝히는 것이고, 그 기능을 밝히기 위해 실험을 할 수 밖에 없다.

우리가 자동차에 대해 아무것도 모른다고 가정해 보자. 우리는 이곳저곳을 만져보고 작동해 볼 것이다. 그러다 자동차라는 것이 장소를 이동할 때 쓰는 물건이라는 사실을 알아낼 것이다. 더 지능이 발달해서 도대체 이 물건이 어떻게 장소를 이동하는지 궁금해졌다고 해 보자. 그렇다면 이것저것을 만지고 뜯어보고 붙이는 과정에서 각 부분의 기능을 하나씩 알아갈 것이다. 생리학자가 하는 일이 바로 이런 것이며, 그런 실험의 방법론이 바로 근대과학의 원동력이다. 생리학자들은 살아있는 몸에게 진실을 묻는다. 그러나 몸은 진실을 한번에 말하지 않는다. 생리학자는 더 많은 진실을 얻기 위해 몸에 고문을 가하는데 그것이 바로 실험이다.

몸을 대상으로 한 실험이라는 큰 흐름의 물꼬를 튼 사람은 바로 19세기 프랑스의 위대한 생리학자 베르나르Claude Bernard(1813~1878)다. 그는 적어도 두 가지 측면에서 서양의학이 현재의 모습을 갖추는데 크게 기여했다. 첫째는 실험을 통해 발견한 생리학 지식을 의학교육의 핵심으로 삼도록 했다는 점이다. 당시 그의 실험실은 전 유럽과 미국 의사들의 메카였으며 그의 실험 방법은 근대의학의 표준이었다. 기초의학과 임상의학으로 나눈 현재의 의학체계도 그에게서 유래한 것이다. '생리학을 알면 이미 반은 의사다'라는 말은 근대의학이 얼마나 실험으로 얻은 진실에 의존하는지를 말해준다. 이로써 의학은 실험을 통해 발견한 몸에 관한 보편성 있는 진실을 실제 임상사례에 적용하게 되었다. 21세기에 이르러 이 방법론은 심각한 비판에 직면했지만, 적어도 20세기 중반까지 의학이 전대미문의 황금기를 구가한 것은 바로 이러한 실험 방법론 덕택이라고 할 수 있다.

베르나르는 실험을 통해 얻은 단편의 사실들을 임상에 활용할 뿐만 아니라 그것들을 간결한 이론으로 구축했다는 점에서도 과학 의학의 효시라 할 수 있다. 생체의 여러 기능이 되먹임(feedback) 작용에 의해 균형을 유지한다는 그의 몸속 환경(milieu intérieur) 이론은 후에 호메오스타시스homeostasis라는 용어로 모든 생리현상을 설명하는 기초이론이 되었다. 이 이론에 따르면 생체의 모든 기관과 조직은 몸속 환경의 항상성을 유지하는 방향으로 작동한다. 질병의 치료는 바로 그 본래의 몸속 환경을 찾아주는 일인 것이다.

일단 실험 방법론이 의학의 표준으로 자리를 잡자 1,500년 간이나 지속한 고대의학의 사유체계가 무너지기 시작한다. 의학은 이제 독단의 이론에 따른 추론이 아닌 실험과 관찰에 따른 과학 이론에 의존하게 되었고, 이러한 변화는 임상에서도 일어났다. 두드러진 사례가 청진과 타진법의 발견이다. 몸을 가볍게 두드려보거나 그 소리를 듣는 것은 너무나도 간단한 진단 방법이지만, 청진과 타진을 하려면 무엇보다 단순한 물질의 혼합이 아닌 형체를 갖춘 몸을 가정해야 한다. 포도주가 들어있는 술통을 두드려 내용물의 성질을 알아내듯 몸을 두드리고 귀를 기울여야 정보를 얻을 수 있는 것이다. 그리고 해부학과 생리학의 지식을 동원해서 그렇게 얻은 정보를 해석해야 한다. 이렇게 몸에 대한 탐구는 추상 담론이 아닌 형체를 갖춘 몸에 대한 '심문'으로 변해갔다. 근대의학의 역사는 이렇게 몸의 구조와 기능에 대한 잘게 나눈 물음과 해석의 방법이 발전한 과정이라고 할 수 있다.

타진과 청진법에 이어, 1895년에는 X-선을 발견해 몸을 열지 않고도 몸속을 들여다볼 수 있게 됐다. 이후 CAT, MRI, PET 등 몸에 대한 정교한 영상을 제공하는 장비가 발달하면서 사람의 몸은 유리 상자처럼 완전히 투명해졌다.

죽은 자여 말하라

병원에 대해 말하면서 바로 죽음을 들먹이면 좀 섬뜩하게 느낄 수도 있다. 그러나 유럽 근대의학의 발전과정에서 병원의 역할이 수많은 주검을 제공하는 것이었다는 사실을 부인하기는 어렵다.

애초에 유럽의 병원은 병자를 치료하는 곳이라기보다는 여행자나 오갈 데 없는 사람들에게 먹을 것과 잠잘 곳을 제공해주는 자선의 장소였다. 이와 같은 역사는 병원을 부르는 말 속에 그대로 남아있다. 영어로 병원(hospital)은 손님에게 호의를 베푼다는 뜻(hospitality)과 어원이 같다. 이런 일은 주로 교회가 맡았고 귀족이나 자본가가 그 비용을 지불했다. 많은 부랑자들을 수용하다보면 환자가 생기기 마련이다. 그래서 성직자와 귀족들은 자신을 돌보던 의사를 그곳에 보내 환자를 돌보게 했고 이것이 병원의 기원이 되었다. 물론 이보다 먼저 로마시대에는 전투력 보전을 위해 야전병원을 설치했으며, 기독교로

개종한 뒤에는 대규모의 자선병원을 세워 운영한 사례도 있다.

그러나 근대 이후의 병원은 이들처럼 앞선 병원과는 그 성격이 매우 다르다. 물론 자선의 성격이 강하고 질병의 치료보다는 베푸는 정도의 보살핌에 중점을 둔 것은 고대 로마의 병원과 비슷하나, 죽거나 병든 몸을 대하는 태도는 많이 달랐다. 병원에서 죽은 몸들을 나서서 열어보기 시작한 것이다. 물론 베살리우스를 비롯한 해부학과 생리학의 선구자들도 죽은 몸을 열어보았지만, 그때의 몸은 보편의 진리를 담고 있는 몸이었고 해부학은 살아있는 몸을 유추하기 위한 탐구활동이었다. 그렇지만 근대의 병원에서 열어본 몸은 보편의 진실이 아닌 죽음에 이른 원인을 담고 있는 몸이었다. 르네상스 때의 해부가 삶의 진실에 대한 것이었다면, 근대병원에서 한 해부는 질병과 죽음의 진실에 대한 것이었다.

이로써 근대의학의 정수인 해부병리학이 탄생했는데, 그 배경에는 질병과 죽음이 몸속 어딘가에 '자리' 잡고 있다는 생각이 깔려있었다. 이제 사람들은 질병을 눈으로 '볼' 수 있다고 생각하게 되었다. 이러한 생각은 이미 고대 그리스 시대에 제시한 적이 있으나 천년 이상 잊고 있었다. 이로써 질병은 몸속에 살아있는 또 다른 생명체이며 질병의 증상은 고통 받는 신체기관(organ)의 울부짖음이 되었다.[5] 1761년에 모르가니 Giovanni Morgagni(1682~1771)는 이러한 생각들을 모아 『질병의 원인과 자리에 관한 해부학 연구』를 펴내 근대의학의 토대를 마련했다.

베살리우스가 근대 인체해부학의 장을 연 『인체의 구조에 관하여』를 발간한 것이 1543년이고, 하비의 『동물의 심장과 혈액의 운동에 관한 해부학적 연구*Exercitatio Anatomica de Motu Cordis et Sanguinis in Animalibus*』가 출판된 것이 1628년이니까 16세기에부터 매 세기마다 주요한 근대의학의 업적을 쌓은 셈이다. 16세기에 몸의 구조를 발견했다면 17세기에는 해부학 구조에 따른 기능을 알아내는 데 관심이 많았고, 18세기에는 구조와 기능을 넘어 질병의 자리를 찾는 일을 무척 중요하게 여겼다.

　예컨대 16세기에 심장의 구조를 발견했다면, 17세기에는 그 심장이 피를 온 몸으로 뿜어내는 역할을 한다는 사실을 밝혔고, 18세기에는 청색증을 앓는 아이는 심장에 결함이 있다는 사실을 알게 된 것이다. 하지만 질병을 몸의 특정 부위가 잘못된 것으로 보게 된 것은 몸의 정상 구조와 기능을 발견하고서도 여러 세대가 지난 다음의 일이다. 과학이 사람들의 무의식에 자리한 사유양식을 바꾸는 데는 이렇게 오랜 시간이 걸렸다.

　예컨대 혈액 순환이라는 위대한 발견을 한 하비조차도 자신의 관찰과 어울리지 않는 치료법을 끝내 버리지 못했다고 한다. 많은 양의 피를 뽑아내는 이 치료법(瀉血)은 피가 간에서 만들어져 온몸을 돌다가 소모되어 없어진다는 갈레노스의 이론에 토대를 둔 것이다. 그런데 하비는 실험과 추론을 통해 이 이론이 틀렸음을 증명했다. 피는 없어지는 것이 아니라 몸속을 돌다가 심장에 모여 다시 순환한다는 사실을 증명한 것이다. 그렇다면 그렇게 돌고 도는 피를 뽑아내는 치료법은 그 근거를 잃는다. 그런데도 하비는 여전히 열이 많은 환자의 피를 뽑았다. '피는 순환한다'는 과학적 사실과, '열이 많은 것은 피가 너무 많아서'라는 고대의학의 이론이 어정쩡하게 공존했던 것이다.

죽은 몸을 열어 질병과 죽음의 원인을 신체기관의 변화에서 찾을 수 있게 된 것은, 18세기 이후 빈곤층을 대상으로 한 병원이 급격히 늘어난 것과 관련이 있다. 당시 병원은 대개 연고가 없거나 의지할 곳이 없는 환자가 마지막으로 가는 곳이었다. 당연히 많은 사람이 죽어나갔고 연고가 없는 주검은 죽음의 원인을 탐구하는 훌륭한 재료가 되었다. 죽은 몸으로 하여금 죽기 전의 삶을 말하도록 한 것이다. 죽은 몸은 신체기관의 형태와 구조를 통해 죽음의 원인을 말했으며 해부병리학자는 그것을 눈과 손으로 알아들었다.

세포에게 물어봐

해부병리학자가 죽은 몸이 하는 말을 알아들으려면 감각과 직관이 뛰어나야 한다. 어떤 신체기관이 눈에 보인다고 해서 바로 그것의 상태를 알 수 있는 것은 아니다. 눈에 보이는 기관의 상태를 어떤 기준에 의해 어떻게 분류하는지는 그냥 바라보는 것과는 다른 문제다. 모르가니는 주로 맨눈으로 관찰할 수 있는 기관의 변화를 상식에 따라 기록했을 뿐이다. 예컨대 황달을 앓던 환자의 몸을 열어보았더니 간이 무척 커져있었다는 식이다.

하지만 특정 질병으로 죽은 몸에 대한 감각적 자료가 축적되자 새로운 추론이 가능해졌다. 어떤 질병에서는 그런 변화가 한 장기가 아닌 여러 장기에 나타나기도 한다는 사실을 알게 된 것이다. 혈관조직이나 결체조직은 거의 모든 신체기관에서 보이며 이런 '조직(tissue)'에 병이 생기면 여러 기관에 영향을 미친다. 예컨대 동맥의 안쪽에 찌꺼기가 쌓이는 동맥경화증은 뇌동맥을 막아 반신마비를 일으킬 수도 있고 심장혈관을 막아 심장을 멈추게 할 수도 있다. 이에 따라 비샤Marie Francois Xavier Bichat(1771~1802)는 이러한 관찰에 근거해서 몸에 나타나는 모든 질병을 21가지 조직에 나타나는 현상으로 분류했다. 모르가니의 병리학이 기관병리학이라면 비샤의 병리학은 조직병리학인 것이다. 이로써 질병의 자리는 눈으로 관찰할 수 있고 일정한 자리를 차지하는 특정 신체'기관(organ)'에서 여러 기관에 분포하며 유사한 미세구조를 갖는 '조직(tissue)'으로 이동하게 되었다.

19세기에 이르면 현미경 기술이 발달해 사람의 시각 능력이 커졌고 이에 따라 몸을 들여다보는 감각의 방식과 몸을 파악하는 추론의 방식 또한 크게 달라졌다. 현미경으로만 관찰할 수 있고 막으로 둘러싸여 있는 미세한 세포가 모든 기능과 구조의 기본단위라는 생각을 하게 되었다.

19세기의 위대한 의학자·인류학자·자유주의 정치가·개혁가인 비르쇼Rudolf Virchow(1821~1902)는 1858년에 발간한 『세포병리학』에서 '모든 세포는 이전에 있던 세포에서 나온다(Omnis celluar a celluar)'라고 선언했다. 이것은 세포가 무정형한 물질에서 나온다는 의견을 뒤엎는 것이었다. 또한 몸의 모든 조직과 구조, 기능의 주체를 세포로 정의함으로써 과학에 근거한 의학 연구의 새로운 방향을 제시해 주었다. 이로써 질병의 자리 역시 조직에서 세포로 이동하게 된다.

그러나 이때 세포는 질병의 자리일 뿐만 아니라 질병을 앓는 주체이기도 하다. 세포야말로 모든 몸 구조와 기능의 기본단위이기 때문이다. 질병의 자리와 단위가 미세구조로 바뀜에 따라, 몸은 수많은 생명단위인 세포들의 공동체가 된다.

16세기가 해부학, 17세기가 생리학, 18세기가 병리학의 시대였다면 19세기는 세포, 20세기는 유전체의 시대라 할 수 있다. 16세기의 해부학이 몸을 무정형한 액체가 아닌 일정한 형태와 구조를 지닌 실체로 인식한 이래로 탐구의 단위가 이처럼 변하자, 고대부터 이어진 체액병리학은 설 곳을 잃게 된다. 해부학이 구조와 형태로 된 몸을 확립하자 생리학은 그것을 바탕으로 몸의 기능을 설명했고, 병리학은 질병을 그 구조와 형태의 변화로 파악했다. 이것이 베살리우스에서 하비를 거쳐 모르가니에 이르는 200여 년 동안의 흐름이다. 이후 비샤가 조직에서, 비르쇼가 세포에서, 20세기에는 세포 속의 유전체에서 병의 원인을 찾아낸 사실로 미루어 볼 때, 근대서양의학의 흐름은 끝없는 환원(reduction)의 역사라고 할 만하다. 이렇게 질병의 자리는 기관—조직—세포—유전체로 점차 하부단위로 옮겨졌다.

그러나 조금 더 생각해 보면 이렇게 탐구단위가 작아지는 것은 오히려 새로운 사유양식의 가능성을 여는 것이다. 모르가니에서 몸의 일정부분에 있던 질병은 비샤에 이르면 여러 기관에 공통으로 존재하는 조직으로, 비르쇼에 이르면 몸 전체의 구성단위인 세포로, 그리고 20세기에는 몸의 생로병사와 관련한 모든 정보를 담고 있는 유전체로 이동한다. 단위는 작아졌지만 그것이 감당하는 기능의 폭은 오히려 훨씬 더 넓어진 것이다. 따라서 질병에 관한 연구 단위가 작아지는 것이 질병 자체가 특정 장소에 국한된다는 것을 뜻하지는 않는다. 이는 세포를 몸의 물리요소로 여기기보다는 기능의 단위로 보고, 그 기능을 화학적 방법으로 연구하기 시작한 생화학과 분자생물학의 발전과도 밀접한 관련이 있다.

세포는 몸이라는 거대한 기계의 부속이 아닌, 혼자서 또는 서로 협력하면서 일정 기능을 수행하는 기능의 단위이며 그 기능은 수많은 화학반응으로 설명한다. 몸은 이렇게 혼자면서도 서로 협력하거나 경쟁하는 수많은 세포들의 네트워크다. 베살리우스 이래로 물질의 질서를 갖춘 실체가 된 몸은 이제 다시 조직과 세포와 분자로 나뉘고 구조와 형태가 아닌 '관계'와 '반응'으로 존재하게 된다. 탐구의 단위가 끝없이 작아지다가 드디어 그 단위들 자체가 아닌 그것들 사이의 관계와 조화에 주목하게 된 것이다. 물론 베살리우스가 건설한 실체의 몸이라는 사유양식을 포기한 것은 아니다. 새롭게 등장한 관계의 사유가 과학발전에 지대한 공을 세운 실체의 사유와 공존하고 있을 뿐이다.

애초에 시계와 같은 기계장치로 가정한 근대의 몸은 해부학과 생리학 연구를 통해 경직성을 털어내고, 복잡한 화학반응이 일어나는 화학공장이 되기도 하고, 유연한 세포들의 공동체로 설정하기도 한다. 비르쇼의 말에 따르면, 몸은 '세포들의 공화국'이다. 건강은 이 공화국의 주민인 세포들이 민주주의를 달성한 상태며, 질병은 세포들의 조화로운 공존이 위협받는 상태다.

근대 외과의학의 역사

널리 알려진 히포크라테스 선서의 본래 내용은 우리가 알고 있는 것과는 많이 다르다. 아폴론, 아스클레피오스, 히게이아 신들의 이름을 걸고 맹세한다는 구절과, 수술 칼을 들지 않겠으며 수술을 해야 한다면 그것을 직업으로 삼는 사람에게 양보하겠다는 구절들이 그렇다. 이처럼 고대부터 내과와 외과는 그 영역을 뚜렷이 나눴으며 내과와 외과가 동등한 지위를 갖게 된 지는 불과 100여 년에 지나지 않는다.

중세 이후에 내과는 대학에서 교육을 받은 의사가 담당했다. 외과는 스스로 경험했거나 어깨너머로 배운 기술을 가지고 주로 하층민을 대상으로 하는 값싼 의료였으며 주로 이발사의 몫이었다. 내과와 외과는 시술 방식의 차이로도 구분하지만 대상 환자의 계급차이로도 나눌 수 있다. 내과가 고대부터 내려온 이론과 현학에 치우친 '지식'이었다면 외과는 대중이 생활에서 스스로 습득한 '삶'의 방식이었다. 고색창연한 도서관이 지배층의 삶을 규정한다면 각종 농기구와 생활도구는 민중의 일상을 규정한다. 외과는 그런 일상에서 출발했다. 머리카락과 수염을 깎던 칼과 가위는 자연히 정맥을 잘라 피를 뽑는 도구가 되었고, 달군 쇠를 잡고 모양을 내던 집게와 망치는 망가진 이를 뽑는 기구로 활용했다. 이발사와 대장장이가 외과와 치과의 원조가 된 사연이 바로 여기에 있다. 물론 고대에도 이보다 훨씬 더 정교한 수술을 한 기록이 있지만 중세유럽에서는 이를 거의 잊고 있었다.

결국, 내과가 몸에 대한 '지식'의 이론 체계라면 외과는 실체인 몸에 대한 개입의 방식이다. 그러나 중세유럽의 외과는 내과의 이론 체계에 묻혀 빛을 보지 못했다. 중세유럽의 의학은 히포크라테스와 갈레노스의 의학을 계승한 것이기는 하지만 그들의 이론을 받아들였을 뿐, 갈레노스가 한 광범위한 외과 실험의 정신을 계승하지는 못했다. 여기에는 여러 이유가 있으나 신의 형상인 몸을 인위로 변형하는 것을 허용하지 않는 기독교의 가르침을 큰 원인으로 짐작할 수 있다.

그렇다고 주로 내과의사의 이론뿐인 진단과 처방에 의존하던 귀족이나 왕족이 외과 시술을 전혀 받지 않은 것은 아니다. 그들도 다치고 수술을 받아야 하는 병에 걸리기 때문이다. 몸에 대한 복잡하고 어려운 이론은 살고자 하는 환자 앞에서 별

도움이 되지 않았다. 또, 유럽이 치른 수많은 전쟁은 외과의학의 충실한 바탕이 되었다. 외과는 절박한 삶의 요구에 대한 하나의 대응양식이었다.

죽은 몸도 아닌, 살아있는 몸을 열어 질병을 치료할 수 있다는 생각을 할 수 있게 된 것은, 대체로 지금까지 말한 해부학과 생리학의 선구자들 덕택이라고 할 수 있다. 죽은 몸을 열어 생김새를 자세히 관찰하고 거기에서 생체기능의 법칙을 추론할 수 있게 되자, 살아있는 몸도 그리 다르지 않을 것이란 생각을 할 수 있게 된 것이다. 그러나 신체장기를 갈아 끼우는 것과 같은 큰 수술에 성공하기 까지는 해결해야 할 기술의 문제도 많았고 기존의 지식체계로는 설명하기 힘든 새로운 현상도 많았다.

수술을 하려면 해부학 지식이 꼭 필요하다. 하지만 몸의 구조를 알았다고 아무 수술이나 할 수 있는 것은 아니다. 수술을 하는 동안, 또는 수술이 끝난 다음 전혀 예상하지 못했던 문제가 생기기도 한다. 외과의사는 이런 문제들을 경험에서 얻은 기술로 극복한다. 어떤 문제가 발생해 그것을 기술로 해결하고 나면 어떻게 그렇게 했는지를 설명해야 한다. 기존의 지식체계로 설명하기 힘들면 새로운 이론이 등장하고 그 이론을 증명하기 위한 실험을 한다. 이렇게 근대과학의 방법론을 외과의학에 끌어오면서 외과의학은 과학을 닮아갔다. 외과는 경험에서 출발했고 실제로 몸의 문제를 해결해 준 것도 경험이었지만, 그 경험을 더 풍부하게 해 준 것은 바로 이론과 과학이다. 즉, 외과의학은 경험이라는 우연과 과학이라는 필연이 어우러진, 몸에 대한 개입의 방식이다. 의학에서 외과가 내과와 동등하거나 오히려 월등한 위치에 오른 것은 바로 이러한 근대과학정신을 실현했기 때문이다. 이제 그 우연과 필연이 뒤얽힌 실타래를 풀어보자.

우연과 필연의 실타래, 파레와 헌터

프랑스의 파레Ambroise Paré(1510~1590)와 영국의 헌터John Hunter(1728~1798) 사이에는 도버해협이라는 공간의 간격뿐만 아니라 200년이란 세월의 간격이 있다. 파레가 과학혁명이 막 일어난 때에 살았다면 헌터는 이성이 지배하는 계몽주의의 시대에 살았다. 파레가 살던 때는 베살리우스의 근대 해부학이 꽃을 피우기 시작하고 코페르니쿠스가 태양중심설을 발표하던 때와 일치한다.

그러나 일상의 경험은 화려한 과학의 발견과는 관계없이 지속되고 있음을 기억해야 한다. 섬세한 솜씨로 시체를 해부하고 그것을 화려한 예술 감각으로 표현해 내는 것과, 몸의 일부가 손상되거나 병들었을 때 대처하는 방식 사이에는 어떤 연관도 없었던 것이다. 과학의 체계와 경험의 체계가 완전히 일치하지 않았고, 오래 전부터 해 오던 시술법을 새롭게 발전한 과학으로 검증해야 한다는 생각을 하지도 못했다. 그저 선배들이 하던 방식을 따르면서 경험 속에서 배울 뿐이었다.

근대 외과의학의 물꼬를 튼 위대한 의학자 파레가 이룬 업적은 주로 우연한 경험을 놓치지 않고 면밀한 관찰을 통해 그것을 필연으로 전환한 데 있다. 떨어지는 사과를 보고 만유인력의 법칙을 발견했다는 식의 거창한 이야기가 아니다. 총에 맞은 상처에 끓는 기름을 붓는 대신 달걀노른자와 장미기름을 송진에 이겨서 만든 연고를 발라주니까 붓지도 않고 염증도 없이 훨씬 빨리 잘 낫더라는 평범한 경험을 좀 더 체계화해 임상의 지침으로 삼은 것이다. 지금 보면 너무나 당연한 결과지만 당시에는 총상에 끓는 기름 대신 연고를 바른다는 것은 상상하기 어려운 일이다. 파레 자신도 끓는 기름이 다 떨어져서 어쩔 수 없이 그렇게 했을 뿐인데 의외의 좋은 결과에 힘을 얻었다.

파레의 위대함은 바로 이렇게 다른 결과에 '주목'했다는 점이다. 그 역시 끓는 기름이라는 전통 방법에 의존했지만, 그것과 다른 방법이 다른 결과를 가져온다는 사실을 발견하고 그것을 진지하게 받아들였을 뿐 아니라 한걸음 더 나아가 '일반화'할 수 있다는 것을 눈치 챈 점이 다른 외과의와 다른 점이다. 개인의 경험이 보편의 지침으로 발전한 것인데 아직 과학이라 부르기에는 부족한 점이 많았다. 그렇지만, 지렁이와 철화합물, 돼지의 뇌, 미라의 가루들로 만든 연고를 몸의 상처도 아닌 상처를 낸 무기에 발라주는 마술 치료가 성행하던 시기[6]에, 출혈을 막기 위해 혈관을 결찰하고 끓는 기름 대신 부드러운 연고를 사용하는 등 실제 경험과 환자의 평안을 시술의 기초로 삼은 점은 분명 근대 외과의학의 출발점이라 할 수 있다. '나는 붕대를 감아주었고 신께서 그를 낫게 했다'라는 그의 격언은 중세 기독교 세계관과 근대 과학의 세계관의 중간에 서 있다. 앞서 말한 시대의 방랑자 파라켈수스가 파레보다 17세 연상이기는 해도 동시대인이라는 점을 생각하면 이런 태도는 당연한 것일 수도 있다.

파레보다 200여 년 뒤에 태어난 헌터는 경험의 지평을 한층 더 넓혔다. 파레가 우연한 경험을 놓치지 않았다면 헌터는 새로운 경험을 '만들어'냄으로써 필연에 더 가까이 다가갔다. 헌터가 평생 동안 한 수많은 실험들은 바로 그렇게 새로운 경험을 만들어내기 위해 고안한 것이다. 그 실험의 대상은 자기 자신의 몸일 때도 있었고 병을 앓고 있는 환자일 때도 있었다. 또, 헌터가 많은 돈을 들여 조성한 동물원의 동물들이 그런 경험을 대신하기도 했다.

여기서 중요한 것은 경험의 주체가 누구든지 경험의 내용을 객관성과 구체성의 원칙에 따라 기록했다는 점이다. 그는 1767년에 성병 환자의 고름에 담근 수술 칼로 자신의 성기에 상처를 냈다. 임질과 매독에 걸린 그는 3년 동안 자신의 몸에 나타나는 변화를 면밀히 관찰하고 기록해 책으로 냈다. 동맥을 묶으면 얼마 뒤 작은 혈관들이 자라 끊긴 혈류를 이어준다는 사실을 발견한 것도 그였고, 동물들 사이에 조직을 이식할 수 있는지에 대한 다양한 실험을 한 사람도 헌터였다. 세계최초로 인공수정으로 임신을 성공시킨 것도 그였다. 특히, 조직

이식에 대한 열정이 대단해서 한때 사람들 사이에 치아를 이식하는 수술을 유행시키기도 했다. 실험정신이 강한 헌터는 더러 끔찍한 일화를 남겼으나 그로 인해 외과의학은 떠돌이 이발사의 짧은 경험과 기술이 아닌 명실상부한 과학의 대열에 끼게 되었다. 실험을 통한 관찰과 경험에서 귀납법으로 추론한 몸의 진실이 바로 외과의학의 기반이 된 것이다.

헌터에게 몸은 거대한 실험실이며 다양한 부품으로 이루어진 생물학 기계였다. 베살리우스와 하비와 모르가니도 몸을 열어젖혔지만 헌터처럼 교환 가능한 부분들의 집합으로 보지는 못했다. 헌터에 의해 해부학, 생리학, 병리학의 흐름이 외과의학에서 만나 새로운 흐름을 형성했다. 하지만 이 새 흐름에서는 베살리우스의 해부도에서 보는 것과 같은 생생한 삶의 맥락도, 비르쇼의 병리학에서 나타난 세포들의 공동체도 보이지 않는다. 몸은 그저 교환 가능한 부품들로 이루어진 살아있는 기계일 뿐이다. 이것은, 외과의학이 과학의 지위를 얻으면서 지불한 비용이었다.

헌터는 우연한 경험을 확장, 발전시켜 몸의 필연 법칙을 확립함으로써 근대와 어울리는 몸의 형성에 기여한 실험정신이 강한 외과의학의 거인이었으며, 이후 외과는 발전을 거듭해 오늘에 이르렀다. 그러나 그렇게 발전하기 위해서는 반드시 해결해야 할 큰 문제가 있었는데, 그것은 수술에 따르는 고통과 수술 후 많은 사람을 죽음으로 몰고 간 감염이었다.

행복을 주는 가스

   필요는 발명의 어머니라고 하지만 의학사에서는 필요하다
고 곧바로 발명을 하는 경우는 거의 없다. 오히려 우연한 발견
이 필요를 만들어내는 경우가 더 많다. 가설을 세우고 실험을
통해 그 가설을 검증하는 연역법보다는 우연히 알게 된 사실
을 현실이 바라는 것과 연결하는 실천이 더 큰 역할을 한다.
전신마취가 바로 그렇다.

   웃음가스로 알려진 아산화질소의 마취작용이 처음으로 알
려진 것은 18세기말 영국에서였다. 그러나 이 희한한 가스를
수술 하는 동안 통증을 없애기 위한 용도로 쓴 사람들은 미국
인이었다. 검증된 이론이 아니라 우연한 경험을 다른 사례에
적용해 보는 시행착오의 과정이었던 만큼 전신마취의 역사는
반전을 거듭하는 무척이나 드라마 같은 것이다. 그 과정에 강
한 상업 동기가 작용한 만큼 그 드라마틱한 성격이 더 두드러
질 수밖에 없다.

   역사에 등장하는 흡입마취제로는 에테르, 아산화질소, 클로
로포름 등이 있다. 그러나 그것들이 처음부터 전신마취제로
등장한 것은 아니다. 실험실에서 발견한 이 물질들은 우연히
사람들을 웃게 하고, 잠들게 하거나 통증을 느끼지 못하게 하
는 사실이 밝혀진다. 사람들은 이 물질들이 알코올이나 마약
처럼 사람의 기분을 전환하는 것으로 여겼고 유한계급의 파티
에 등장하는 여흥거리가 되었다.

이 물질을 의료용으로 쓸 수 있다고 생각한 사람들도 있었지만 처음부터 마취효과에 관심을 두지는 않았다. 시간이 조금 지나서야 사람의 몸을 변하게 하는 만큼 이 물질을 질병 치료에 쓸 수 있다고 생각하는 사람들이 나타났고, 그들은 폐결핵을 비롯한 질병의 치료에 이 가스들을 사용하기도 했다. 오늘날 관점에서 이러한 발상은 전혀 근거가 없을 뿐더러 위험천만한 것으로 판명됐지만 역사는 곧 이런 사실조차 잊어버렸다. 그러나 19세기 초, 기체의학연구소(Pneumatic Medical Institute)를 세울 정도로 영국인은 이런 가스들의 치료 효과에 관심이 많았다.

1842년에 미국의 시골 의사 롱Craward Williamson Long(1815~1878)이 처음으로 에테르를 이용해 환자를 마취한 상태에서 수술을 성공시켰다. 그러나 그는 이 사실을 발표하지 않다가, 1846년 모튼William Morton(1819~1868)이 매사추세츠 종합병원에서 많은 사람이 지켜보는 가운데 전신마취로 종양제거수술을 성공시켜 명성을 얻은 3년 뒤에야 이 일을 발표한다. 1844년에는 아산화질소를 들이킨 상태에서 자신의 이를 뽑은 치과 의사 웰스Horace Wells(1815~1848)가 공개시연을 시도했으나 실패해 망신을 당한 적이 있다. 이 사실을 누구보다 잘 알고 있던 모튼은 철저히 계획을 세워 공개시연에 성공해 전신마취를 발견한 인물로 기록된다.

최초로 전신마취를 했지만 인정을 받지 못한 롱과 다듬어지지 않은 술식으로 공개시연을 시도하다 실패한 웰스, 모튼에게 에테르를 통한 전신마취의 영감을 주고 가르쳐 준 화학자 찰스 잭슨Charles Jackson, 그리고 모튼까지 이 네 사람은 이후 격렬한 특허권 분쟁에 휩싸인다. 결국, 특허는 잭슨과 모튼이 공유하게 되고 모튼은 세계 최초로 무통수술에 성공한 인물로 기록된다. 그러나 일찍 모든 권리를 포기하고 조용한 시골 의사로 살다간 롱을 제외한 세 사람은 모두 비참한 최후를 맞는다. 웰스는 클로로포름 중독으로, 잭슨은 정신병원에서, 모튼은 갑작스런 발작으로 각각 고통스런 삶을 마감한다. 인류를 수술의 통증에서 구원한 사람들은 공교롭게도 자신들의 욕망에 따른 고통을 극복하지 못한 채 세상을 떠난 것이다.

이후 가스 흡입을 통한 전신마취는 발전을 거듭했고 지금은 아무리 큰 수술도 초창기 흡입마취의 위험과 불쾌감 없이 안전하게 할 수 있는 시대가 되었다. 이제 육체의 통증은 싸워서 없애야 할 대상이라는 데 대해 아무도 이의를 달지 않는다. 그러나 이러한 고통에 대한 생각의 변화는 무척 중요한 신학 논쟁을 촉발하기도 했다. 출산에 따른 고통을 없애기 위해 클로로포름을 흡입해도 되는지에 관한 논쟁이 오갔다. 이 논쟁은 1853년 영국의 빅토리아 여왕이 레오폴드 왕자를 낳을 때 마취제를 흡입함으로써 일단락된다. 신학과 철학의 논쟁이 한 유력인사의 고통 앞에 얼마나 무력한지 보여주는 사례다.

이로써 출산에 따른 고통은 원죄를 저지른 데 대한 대가라는 기독교에 바탕을 둔 사유의 전통이 무너지고, 인간의 고통은 다양한 삶의 실존 맥락을 잃게 된다. 고통은 그저 신경섬유에 대한 자극이며 어떤 인간다운 의미도 없는 하나의 스캔들일 뿐이다. 마취제의 발명으로 우리는 무척 복잡한 수술도 아무 고통 없이 할 수 있게 되었지만 사람의 몸은 삶의 뜻과 맥락을 상실하고 물질로 이루어진 욕망의 덩어리로 변해갔다.

저주에서 축복으로

신이 있다면 그리고 그가 정말로 사람을 만들었다면, 그 신은 자신이 만든 사람의 몸을 자기들 손으로 뜯어고치는 것을 보며 무슨 생각을 할까? 아마 무척 당혹스러워 할 것이다. 신은 이런 사태를 막기 위한 두 가지 장치를 미리 우리 몸속에 심어놓았는데, 그 첫째는 몸을 조작할 때 느끼는 엄청난 고통이요, 둘째는 수술 후 감염이라는 재앙이다. 첫째가 몸의 조작이라는 오만한 행동을 방지하기 위한 예방책이라면 둘째는 누군가 그러한 행동을 했을 때 그를 처벌하는 수단이다. 그런데, 인간은 흡입마취를 통해 그 첫째 단계를 가뿐히 넘어버렸다.

그 다음 단계는 더 복잡하고 어려운 과제지만 이것 역시 경험이 과학과 이론에 앞선다는 점을 증명했다. 어떤 미생물도 모르던 시기에는 무균수술이란 개념 자체가 있을 수 없었다. 평상복 소매만 걷어붙이면 바로 수술을 할 수 있었고, 진찰이나 수술을 할 때 손을 씻거나 소독을 한다는 것은 생각도 못했다.

19세기 유럽의 병원에 근무하는 의사들에게 자신이 돌보던 환자가 죽으면 그 몸을 열어보는 일은 일상이었다. 그 죽음과 질병이 어디에 있었는지 밝혀야 한다고 생각했기 때문이다. 그렇게 의사들은 죽은 몸과 살아있는 몸을 왕래하면서, 산 사람에게 죽음을 가져다주었다. 세균이나 미생물의 존재가 알려져 있지 않았으므로 이를 꾸짖을 어떤 근거도 없었다. 미생물을 모를 때 의사의 손은 그저 손이지만 미생물이라는 존재가 더해진 관점에서 본 의사의 손은 죽은 몸에서 옮은 우글거리는 세균의 온상이다. 이렇듯 과학은 이론의 영향을 받은 시선으로 현상을 관찰한다.

따라서 새로운 발견은 대개 기존의 이론과 권위의 영향에서 벗어나 자유로운 관찰자에 의해 이루어지는 경우가 많다. 헝가리의 시골출신 의사인 제멜바이스Ignaz Phillip Semmelweis(1818~1865)가 바로 그런 사람이었다. 흡입마취의 발견이 가스의 화학 성질이나 생리 효과에 대한 과학 연구와는 관계없이 순수한 경험에서 출발했듯이, 많은 산모의 목숨을 구한 그의 발견도 세균이나 미생물에 관한 이론이 아닌 너무나 간단한 관찰에서 출발했다.

그는 의사들의 손이 분만하고 산욕열을 앓는 산모들과 모종의 관계가 있을 것이라는 가설을 세웠다. 그는 세균과 미생물을 몰랐지만 어떤 현상의 차이가 질병과 사망을 유발한다는 것을 관찰해 과학에 근거한 방법으로 증명했다.

그는 산모를 돌보는 두 병동의 산욕열 유병율과 사망률의 차이가 크다는 사실에 주목한다. 그리고 그 차이는, 안전한 병동은 산파들이 관리하고 위험한 병동은 의사와 의과대학생이 관리한다는 사실에서 비롯한다고 추정한다. 그 이유는 산욕열로 죽은 산모를 해부한 다음 손도 씻지 않은 채 바로 살아있는 산모를 진찰하는 의사들의 관행에 있다고 주장한다. 산파는 안전하고 의사는 위험하다? 이 생각은 당시 의학의 중심이던 빈 종합병원과 의사의 권위에 대한 정면 도전이었다. 이후 그는 철저히 소외당하고 무시당한다. 1847년부터 1년 동안, 부검이 끝난 의사에게 반드시 염소용액으로 손을 씻도록 한 결과 사망률이 18.3%에서 1.2%로 급락했다는 사실을 발표했지만 주류 의사들의 반응은 냉랭하기만 했다. 제멜바이스는 이 발견으로 인정을 받고 승진을 하기는커녕 빈 종합병원에서 쫓겨나 고향으로 돌아가 정신병원에서 삶을 마감한다.

의학사에서 이 일은 과학에 따른 발견의 우연성과 새로운 발견의 가치를 인정하지 못하는 주류사회의 보수성, 그리고 경험이 이론에 앞선다는 일반 사실을 보여주는 대표 사례다.

그 뒤, 파스퇴르는 식품의 발효와 전염병이 모두 미생물에 의한 것임을 유명한 고깃국 실험을 통해 밝혔다. 리스터는 석탄산에 적신 붕대를 상처에 감고 수술실에 석탄산액을 뿌려서 수술 뒤 감염을 현저히 줄이는 방법을 발견했으며, 코흐는 직접 여러 세균들을 '발견'해 제멜바이스의 관찰에 확실한 이론의 근거를 부여해 주었다.

19세기 말에 이르면 지금과 같은 무균수술의 관행이 정착된다. 간단하지만 무척 중대한 관찰이 과학의 설명을 거쳐 관행이 되는데 무려 두 세대가 걸린 것이다. 행하는 醫—경험과 실천(醫術)—이 지식 체계의 醫—이론의 구성(醫學)—보다 항상 앞서 나간 의학사 일반의 구도가 여기서도 그대로 관철된다.

소독과 무균수술의 발견은 피와 고름으로 범벅인 외과의사를 눈에 보이지도 않는 세균마저 용서치 않는 완벽히 청결한 사람으로 바꾸어놓았다. 내과의사보다 낮았던 외과의사의 지위도 점차 높아졌다. 죽음을 옮기던 외과의사의 손이 이제는 병을 고치는 축복의 손이 된 것이다.

이제 우리는 각종 영상장비를 통해 우리 몸의 구석구석을 들여다볼 수 있게 되었으며, 이에 따라 외과 수술의 영역도 그만큼 넓어졌다. 심지어는 칼을 대지 않고도 몸속 깊숙이 자리한 병소를 도려낼 수도 있게 되었다. 그러나 모든 진보에는 대가가 따르기 마련이다. 내가 간직한 비밀스런 영역이던 몸이 이제는 X-ray, MRI 등 각종 검사의 다양한 의학의 시선에 노출되고, 그렇게 노출된 내 신체정보가 나 아닌 다른 사람에게 넘겨지고 공유함으로써, 내 몸은 내 것이 아니게 되었다.

거래하는 몸

몸은 이제 신성한 불가침의 영역에 속하지 않는다. 몸의 어떤 부분도 첨단 진단장비의 감시에서 벗어날 수 없고, 장기에서 세포에 이르기까지 몸은 변형·대체·보충·재생의 대상이 된다. 몸은 세포와 조직과 장기의 수준에서 분리 가능한 부품들의 집합이다. 각 부품은 몸에서 분리해도 나름대로 삶을 지속할 수 있다. 몸에서 떨어져 나온 세포는 환경만 괜찮으면 무한히 늘어나는 세포주가 되고 조직과 장기는 다른 몸에 이식해 새 삶을 찾기도 한다.

이제 우리는 고장 난 몸을 고칠 뿐만 아니라 멀쩡한 몸에 칼을 대어 몸을 '개선'하기도 한다. 수리의 대상인 몸이 이제는 개선의 대상이 된다. 지금까지 몸은 자연선택[7]의 법칙에 따라 진화해 왔지만 이제는 여기에 인공선택이라는 사회와 문화의 법칙이 추가되어야 할지도 모른다. 몸의 많은 부분이 인공물로 바뀌고 있다. 인공치아, 인공관절, 인공판막, 인공신장, 코나 유방 등에 넣는 인공보형물들은 시작에 불과할지도 모른다. 공상과학은 흔히 우리 몸의 모든 부분을 인공물로 바꿀 날이 올 것이라고 예언한다.

면역을 조절할 수 있게 되면서 다른 사람의 장기를 이식받는 것도 가능해졌다. 현재 골수, 각막, 신장, 간, 심장, 췌장, 피부 등 거의 모든 장기 이식이 가능하다. 주로 죽은 사람이나 뇌사자의 것이지만 골수, 신장, 간은 살아있는 사람의 몸의 일부를 도려내 이식하기도 한다. 지금은 장기 제공에 대한 대가를 지불하는 것이 불법이지만, 장기의 공급이 수요를 따라가지 못하는 상황이 이어진다면 언젠가 몸의 일부인 장기를 상품으로 거래할 날이 올지도 모른다. 아니, 어쩌면 지금도 몰래 이런 거래를 하고 있는지도 모른다.

인공수정이나 대리모를 통해 아이를 낳을 수 있게 되면서 전통의 몸과 가족 개념이 심각한 도전에 직면했다. 인공수정으로 대리모의 자궁에서 자란 아이의 진짜 어머니는 누구인가? 난자를 제공해 준 여자인가, 열 달 동안 키워주고 낳아준 여자인가, 아니면 아이를 얻기 위해 그 두 여자와 정자제공자를 설득하는 등 이 모든 일을 기획하고 아이를 키우기로 작정한 여자인가? 한 인간을 생산하는 데 쓰는 정자와 난자는 그저, 정상으로 떨어져 나가는 피부 세포나 머리카락과 같은 신체의 일부인가, 아니면 특별한 대접을 받아야 할 몸의 원형인가? 미국에서는 난자와 정자를 인터넷을 통해 공공연히 거래한다. 그렇다면 우리의 몸은 이미 상품이 되어버린 것 아닌가? 나도 모르는 내 복제품이나 후손이 거리를 활보한다면 도대체 나는 누구이고 가족은 무엇인가?

생식의학과 재생의학의 발달로 몸의 정체성은 더욱 심각한 혼란에 빠진다. 복제양 돌리가 탄생한 1997년 이후 다양한 포유동물의 복제에 성공했고, 이론으로는 인간의 복제도 얼마든지 가능한 시대가 되었다. 개체의 복제까지는 아니더라도 난자에 체세포의 핵을 이식해서 만든 배아에서 줄기세포를 얻는다면, 적어도 이론으로는 거부반응 없이 망가진 신체부위를 재생하는 것이 가능하다. 이렇게 된다면 또 다른 내 몸이 있을 수 있고, 그 몸은 나를 위한 수단에 불과한 것이 된다. 나는 나를 착취한다. 그렇다면 나를 착취하는 나는 누구이고 착취당하는 나는 누구인가?

21세기의 몸은 대체가능한 부품들의 집합이며 개체성을 보장하는 정보들의 모임이다. 그런 정보로 나는 비로소 나일 수 있다. 그 정보는 수조 개에 달하는 세포 속에 DNA라는 형태로 들어있다. 그 정보는 수천만 년에 이르는 진화의 역사를 담고 있는 과거세대의 기록이며, 내 몸의 미래를 담고 있는 운명이기도 하다. 그런데 정부와 기업은 그 역사와 운명을 채취하고 가공해 유통시킨다. 그 정보는 내 유죄를 입증할 증거가 되기도 하고, 보험과 취업에서 불이익을 당할 근거가 되기도 한다. 만약 내 몸의 정보가 다른 사람에게는 없는 특별한 것이라면 누군가가 특허를 출원해 많은 돈을 벌 수도 있다. 내 몸과 그 부분은 나 아닌 다른 사람에게 봉사하며 더는 나를 위해 존재하지 않는다. 그렇다면, 나는 누구이고 내 몸은 무엇인가?

사회성을 지닌 몸의 발견

근대의 몸이란 주로 보이는 대로의 몸, 형태와 구조와 기능을 지닌 몸, 해체하고 조립할 수 있는 몸, 최소 구성단위로 나눌 수 있는 몸이다. 몸의 형태-구조-기능을 모두 구성단위인 세포로 설명할 수 있고 몸은 안으로 완결한 존재이며 질병은 형태, 구조, 기능의 완결성이 무너진 상태다. 고대와 중세의 몸이 별자리나 기후 등의 천문현상이나 영혼과 이어진 몸이거나 무형의 액체들로 이루어진 추상의 몸이었으며, 질병은 그러한 연결에 발생한 어떤 장애거나 균형의 파괴인 것과 대조를 이룬다. 근대서양의학이 지금처럼 빨리 발전한 것도 구조와 기능 중심으로 몸을 바라보았기 때문이다. 한마디로 근대의 몸은 살아있는 기계인 것이다.

그러나 몸은 시계나 자동차 같은 기계와는 다른 생물·사회·문화의 특성을 지닌다. 천문현상이나 초월의 존재와 영의 연결을 끊어버리고 세속에 빠진 근대 몸은 새로운 세속 관계가 필요했다. 몸과 사회와의 관계에 주목하게 된 것인데 여기에는 노동, 주거와 영양, 위생, 환경, 생태 등의 요소가 포함된다.

일하는 몸

사람은 누구나 몸을 움직여서 살기 위한 재화를 얻는다. 그 활동의 내용은 수렵과 채취처럼 생존과 바로 연결되는 것일 수도 있고, 교환가치를 생산하는 것일 수도 있으나 최종 목적은 몸을 보전하는 것이다. 우리는 몸을 움직여 노동을 해서 몸을 보전한다. 몸은 생존의 수단인 동시에 목적인 것이다. 그런데, 가끔 생존의 수단인 몸이 목적인 몸을 압도하는 경우가 있다. 중노동을 해야만 먹을 것과 쉴 곳을 구할 수 있는 사람의 몸이 바로 그런 경우다. 중노동을 하면 몸을 상하게 되는데 수단의 몸과 목적의 몸 관계가 뒤집혔기 때문이다.

고대 노예제사회에서는 목적인 몸과 수단인 몸을 구분했다. 지배계급의 몸은 목적이고 노예의 몸은 수단이다. 귀족도 병에 걸렸으나 그 병은 노예가 걸린 질병과는 근본이 달랐다. 이러한 몸의 구분은 귀족과 성직자, 기사계급과 농노로 신분을 구별하던 중세시대까지도 이어졌다. 노예와 농노의 몸은 소모

69

품이었으며 노동에 따른 질병과 상해는 의학의 관심 대상이 아니었다. 광부와 검투사의 직업병에 대해 소상히 기술하고 있는 갈레노스의 글도 원인과 치료법을 제시하기보다는 그것을 운명으로 받아들여야 한다는 식으로 서술한 것이 그 증거다. 이후 17세기까지도 광부들이 잘 걸리는 병 말고 직업병에 관한 문헌을 찾기 어려운 것은 이러한 운명론 때문이다.

그러나 과학기술과 산업 혁명으로 노동의 형태가 다양해지고 부르주아와 노동계급이 성장하는 근대 초기에 이르면 상황은 많이 달라진다. 노동자의 몸은 단순한 소모품이 아닌 적절한 배려의 대상이 된다. 1700년에 발간한 라마찌니Bernardino Ramazzini(1633~1714)의 『노동자의 질병』은 이러한 사회 인식의 변화를 보여주는 노동의학의 출발점이다. 여기서 그는 광부, 도자기공, 석공, 레슬링 선수, 농부, 간호사, 군인 등 52개 직종의 노동자들이 겪을 수 있는 질병을 다루었다. 여기에는 화학물질, 먼지, 금속과 같이 자극성 있는 물질에 노출된 노동자의 질병을 주로 언급했지만, 과도하게 많은 세금을 부과 받은 사람, 서기나 공증인, 성병에 걸린 여인의 분만을 돕는 조산원, 귀족과 성직자 등 거의 모든 계층의 직업을 빠짐없이 모았다.

라마찌니는 갈레노스와는 달리 직업병을 예방하기 위한 노력을 강조했으나 이러한 노력을 사회 개혁으로까지 연결하지는 못했다. 그는 사회 변화 때문에 '일하는 몸'을 의학의 대상에 포함시켰으나 그 몸을 사회 공간까지 넓히지는 못한 것이다. 라마찌니의 몸은 노동이라는 사회 활동을 포함하기는 했으나 주거, 영양, 환경, 생태 등 다양한 사회 여건과는 동떨어진 개별의 몸이었다. 그러나 그의 책은 공장안전과 산업재해의 보상에 관한 법률을 제정하는데 도움이 되었고 몸이 현재와 같은 위상을 확보하는데 크게 기여했다.

몸의 정치학

세포병리학의 선구자 비르쇼는 몸을 정치 영역으로 끌어들인 사회의학의 창시자이기도 하다. 그에게 몸은 "세포 하나하나가 시민인 세포들의 국가"이고, 질병은 "몸이라는 국가를 구성하는 세포들 사이의 투쟁"이며, "달라진 조건 속의 생명"이다. 몸은 세포들의 공화국이고 건강은 그 세포들의 민주주의를 구현한 상태이며 질병은 세포 민주주의의 파국이다.

몸을 국가에 비유한 것은 전통 한의학과 비슷하나, 한의학의 국가가 봉건 질서를 반영했다면 비르쇼의 국가는 근대의 민주주의사상을 반영했다는 점에서 많이 다르다. 도교의 주요 경전 가운데 하나인 『포박자抱朴子』에는 "한 사람의 몸은 한 나라의 형태와 같다. 가슴과 배는 궁실宮室이고 팔다리는 교외郊境며 뼈마디는 모든 관리들이다. 신神은 임금이고 혈血은 신하이며 기氣는 백성이다"라는 내용이 있다. 한의학의 고전 『황제내경黃帝內徑』에는 심장을 임금에, 폐를 장군에 비유하는 등 몸의 부분을 봉건 위계질서 속에 끌어들인다.

반면에 비르쇼의 몸은 평등한 세포들의 협력으로 구성한

민주국가다. 몸의 기본 구성단위인 세포는 혼자서도 기능하지만 그 기능들이 모여 한 차원 높은 몸 전체의 기능을 수행한다. 몸과 국가의 유사성에서 출발한 비르쇼의 의학사상은 자연스레 사회개혁으로 연결된다. 그는 과학 의학의 토대를 놓은 근대 과학정신의 표상이며 의학을 과학의 한계에 가두지 않고 정치·사회·문화의 영역으로 넓힌 실천가다.

1848년 발진티푸스가 유행한 실레지엔 지역에서 벌인 그의 역학조사 결과보고서는 근대 예방의학과 공중보건의 훌륭한 모범 사례다. 그가 보고서에서 제시한 처방은 인도주의에 바탕을 둔 개인의 위생과 영양상태의 개선과 같은 것이 아닌, 자유의 신장을 포함한 교육과 경제정책의 전면 개혁이다. 발진티푸스가 만연한 원인은 열악한 생활조건, 사회의 불평등과 부정의라고 진단했으며, 몸에서 발견한 민주 질서를 국가사회에 확대 적용했다. 이와 같이 비르쇼 의학사상의 특징은 과학에 근거한 세포병리학과 사회의 정치학을 교묘히 결합한 데 있으며, "의학은 사회과학이고 정치학은 확대된 의학"이라는 그의 주장 속에 고스란히 담겨 있다.

그러나 이후 의학의 발전방향은 비르쇼의 의도와는 거리가 먼 것이었다. 그의 주장과는 달리 전염병의 원인이 세균이라는 것이 의학의 정설이 되었고, 소독법과 면역요법이 실효를 거둠에 따라 의학은 사회와 연결된 국가 단위의 몸보다는 개인의 몸에 관심을 집중했다. 항생제와 백신을 개발하면서 이런 경향은 더 자주 일어났다. 사회를 대상으로 하는 보건과 예방보다는 개인을 대상으로 하는 진단과 치료를 강조하면서 의학연구의 방향도 더욱 좁은 곳을 향했다. 비르쇼 자신이 토대를 쌓은 세포병리학은 이제 세포 안에 있는 소기관에서 일어나는 분자들의 사건에 관심을 기울여 점차 분자생물학이 되어간다.

세포들 사이의 관계보다는 세포 속 사건을 강조하면서 세포들의 민주주의도 위기를 맞는다. 이러한 위기는 탐구의 단위가 세포에서 세포 속 유전물질로 좁혀지면서 생겼다. 1953년에 왓슨과 크릭이 유전물질인 DNA의 구조를 밝히고, 1970년대에 DNA 재접합 기술을 개발해 유전물질을 조작할 수 있게 되면서 세포들의 민주주의는 세포 속 DNA(유전자)의 독재로 변해간다. 이제 모든 결정은 세포 속에 들어있는 유전자가 하며 몸은 그 결정에 따를 수밖에 없게 된 것이다.

유전자 독재의 명분은 유전자가 인간의 거의 모든 미래를 결정한다는 소위 유전자 결정론에 있다. 유전자 결정론은 여러 질병뿐만 아니라 그 주인이 사회생활에서 나타내는 태도마저도 유전자에 새겨져 있다고 가정한다. 각종 암, 헌팅턴 무도병이나 알츠하이머와 같이 생애 후반에 발생하는 질환이나 심지어, 동성애와 도벽과 같은 사회 성향까지도 모두 유전자에 있는 것으로 전제한다. 유전학의 발전에 따라 이런 가정들은 대부분 근거가 없는 것으로 드러나지만 대중의 정서에 뿌리박힌 유전자에 대한 고정관념은 쉽게 바뀌지 않는다.

유전자에 대한 이런 생각은 사람의 몸이 유구한 세월동안 자연선택에 의해 진화했으며 그 결과 가장 적합한 형질만 살아남았다는 진화론의 사유양식과 겹쳐지면서 그 폭력성을 드러낸다. 강한 자만이 살아남는다는 적자생존의 논리는 유전 또는 사회에서 약한 자는 도태되어 마땅하다는 논리로 비약한다. 그래서 1930년대에는 세계 각국에서 우생학優生學(eugenics)과 유전위생遺傳衛生에 관한 법을 만들어 많은 유전병 환자, 정신질환자, 술꾼, 노숙자, 동성애자, 노동회피자 등 유전자가 열등해 보이는 사람들은 단종 수술을 받거나 살해당한다. 인류의 미래를 위해 가장 우수한 형질만을 보존해야 한다는 것이 그 명분이었다. 이 가운데 가장 잘 알려진 사례가 나치가 저지른 학살극이지만, 사실 이 운동을 앞장서 이끈 나라는 나치의 반인류 행위를 응징한 미국이다. 20세기 초, 우생학은 나치의 만행을 기점으로 지탄을 받으며 역사 속으로 사라졌다.

당시의 우생학 운동은 유전과 진화를 다루는 과학의 모습을 하고 있었다. 우생학은 사회 갈등의 원인이 되는 소수민족의 이민을 막고 열등한 자들을 돌보는데 드는 복지비용을 줄이기 위해 과학을 동원한 수사에 불과했다. 유전물질의 구조를 몰랐고 없애야 할 형질들이 유전한다는 뚜렷한 증거도 없는 상태에서 과학을 정치의 광고 수단으로 삼은 것이다. 이후 우생학은 두개골 모양으로 사람의 마음을 판단할 수 있다고 주장한 골상학骨相學(phrenology)과 함께 사이비 과학의 대표 사례로 거론된다.

사람들의 몸에 우열의 낙인을 찍고 열등한 몸에 폭력을 행사한 우생학은 역사 속으로 사라졌다. 그러나 우생학에 이론의 근거를 제공한 유전자결정론의 망령은 여전히 현대인의 머릿속을 지배한다. 하루가 멀다 하고 보도하는 무슨 질병 유전자 발견이라는 기사는 사람들의 마음에 그 유전자를 지닌 사람은 반드시 그 병에 걸릴 것이라는 잘못된 환상을 심어준다. 현대인은 과학 정보를 제대로 소화할 능력을 잃어버린 채, 일부 과학자와 언론이 가공한 정보를 순순히 받아들인다. 과학과 언론은 우생학에서처럼 우리의 몸에 무자비한 폭력을 행사하지는 않는다. 그렇지만 황우석의 줄기세포 연구를 위해 위험을 무릅쓰고 난자를 제공한 수백 명의 여성들처럼 유전자결정론에 근거한 사이비과학은 자기 몸에 대한 폭력을 강요한다.

비르쇼가 세포들의 공화국으로 그린 몸이 우생학에 이르자 정치권력의 감시와 탄압의 대상이 되었다가 현대에 오면 일부 사이비과학이 만들어낸 관념의 희생양이 된다. 내 몸에서 뽑은 정보를 나도 모르게 저장하고 가공하며 때로는 상품으로 만들어 팔기도 한다. 사회문화가 만든 몸의 이미지에 따라 내 몸을 바꾸려는 욕구에 휘둘려 마치 마약에 빠지듯 다이어트 열풍과 성형중독에 빠져들기도 한다. 나는 이제 내 몸의 주인이 아닌 것이다.

사회로 열린 몸

태초에 인간은 자연과 더불어 살았지만 다른 한편으로는

끊임없이 자연을 바꾸며 문명을 발달시켰다. 수렵과 채취가 주요 경제활동일 때에는 그 바꿈의 정도가 약했지만, 농경과 정착생활을 하면서 자연환경은 급격히 변한다. 넓은 경작지에 단일작물을 키우다 보니 생태 균형이 무너지고, 밀집생활로 생활쓰레기가 쌓이면서 기생동물과 해충, 전염병이 발생한다.

산업혁명이 시작되고 많은 농민이 도시의 저임금 노동자로 전락하면서 사정은 더 나빠진다. 좁은 장소에 많은 사람이 모여 사는 주거환경, 오염된 물과 공기, 배설물과 썩은 동물의 시체가 흘러넘치는 구덩이들, 빈곤, 기아, 과로, 각종 범죄 등 모든 것들이 최악의 상태에 이른다. 19세기 중반 노동자계급의 평균 기대수명은 20세에도 미치지 못했으며, 대도시 주민 가운데 건강에 문제가 없는 사람은 10%도 안 되었다. 이제는 자연환경이 아닌 인공 환경이 사람들의 몸을 위협하게 된 것이다. 농업혁명이 자연환경을 바꿨다면 산업혁명은 자연환경과 더불어 사회 환경을 급격히 변하게 했으며 그 변화는 우리 몸이 받아들이고 적응할 수 있는 범위를 훨씬 벗어났다.

당시 유럽에는 자유방임과 자조自助의 이데올로기가 지배했지만, 그대로 놔두다가는 지배계층까지 피해를 입을 수 있고 혁명의 조짐마저 보여 조치를 취해야했다. 독일에서는 비르쇼가 단순한 위생과 영양상태의 개선을 넘어 인간의 자유를 증진시키는 것을 포함한 교육과 경제정책의 폭넓은 개혁을 주장했다. 발진티푸스가 만연한 근본 원인은 특정 세균이 아닌, 열악한 생활조건, 사회 불평등과 부정의라고 진단한 것이다.

프랑스에서는 빌레르메René Louis Villermé(1782~1863)가 1821 년에 「파리 시에 관한 통계학 연구」라는 논문에서 지역과 계층에 따라 사망률이 크게 다른 이유를 찾다가 고도, 기후, 토양 등의 자연환경이 아닌 '빈곤'이 가장 큰 원인이라는 사실을 발견한다. 그러나 그의 처방은 현재 기준에서 보면 무척 생뚱맞은 것이다. 그는 빈곤층을 '도덕성'으로 재무장시켜야 한다고 주장했다. 국가의 개입이나 실업연금, 의학의 개입, 중상주의에 바탕을 둔 개혁이 다 쓸모가 없으며 빈곤은 사회주의를 배격하고 절주, 근면, 절약과 검소, 성실의 가치를 소중히 여기면 극복할 수 있다고 했다.

영국에서는 파William Farr(1807~1883)가 생명통계 자료를 분석해 밀집한 주거환경이 높은 사망률의 주요원인이라고 주장해, 개선 가능성에 대한 희망찬 견해를 밝히자 박애주의자, 의사, 종교인, 공리주의자, 정치경제학자들이 다양한 해결책을 내놓았다.

그러나 실제 개혁을 주도한 인물은 법률가인 채드윅Edwin Chadwick(1800~1890)이다. 그의 기본 구상은 빈곤층의 지원을 줄여서 남에게 의존하는 나태한 생활에서 벗어나 노동시장에 직접 참여토록 한다는 것이었으나, 결과는 예상을 빗나갔다. 빈곤층이 노동시장에 참여하지 못하는 것은 나태한 생활태도 때문이 아닌 질병 때문이었다. 빈곤과 질병의 악순환을 다시 한 번 확인한 것이다. 그는 1842년 「영국 노동자들의 위생상태」라는 보고서에서 질병의 발생률과 빈곤의 정도를 지도위에 표시하고, 도로, 주거환경, 쓰레기, 옥외변소, 하수구, 냄새 등을 분석했다. 그의 노력으로 영국공중보건법(1848), 오물처리법(1848)이 의회를 통과했다.

이렇게 19세기 유럽은 의학이 사회와 만나 서로의 관계를 확인하고 이해하는 귀중한 경험의 장이며 사회의학의 산실이었다. 의학의 대상인 몸은 생물학에 근거한 존재일 뿐 아니라 사회와 긴밀히 연결된 존재이기도 하다는 점, 우리는 '사회로 열린 몸'을 살아간다는 사실을 확인한 것이다. 특히, 빈곤과 질병의 순환 고리를 발견해 그 해결책을 둘러싼 논쟁을 일으켰다는 사실이 중요하다.

빌레르메는 모든 문제의 원인을 도덕의 해이에서 찾아 도덕을 재무장할 것을 요구했고, 비르쇼는 개인의 권리 신장과 정치 개혁을 주장했으며, 채드윅은 주거와 위생 환경의 개선을 목표로 삼았다. 그러나 도덕의 재무장은 공허하고 정치 개혁은 너무나 멀고 복잡했다. 결국, 사람들을 구한 것은 거리를 청소하고 상하수도를 정비하며 화장실을 개선하는 일이었다. 우리의 몸은 도덕성이나 정치 환경보다는 당장 몸에 영향을 미치는 사회 환경에 더 민감하기 때문이다.

세포들의 전쟁터

위생개혁운동에서 몸은 자연과 사회 환경의 경계면이다. 자연을 품고 있는 몸은 낯선 환경을 만나면, 그중 일부를 받아들여 자연에 동화시킴으로써 거기에 적응한다. 몸이라는 자연의 적응력이 너무 약하거나 환경의 스트레스가 너무 크면 적응을 하지 못한 채 무너져버린다. 위생개혁운동은 이러한 사회 환경을 개선해 몸의 부담을 줄이려는 노력이었고, 그 결과 큰 성공을 거두었다. 그러나 위생개혁의 결과 사람들의 건강이 좋아지는 동안에도 과학자들은 서로 질병을 일으키는 실체가 무엇인지에 대한 뜨거운 논쟁을 벌였다. 비르쇼나 채드윅처럼 질병의 사회원인에 주목하는 위생개혁운동가들은 공기에 있는 독기毒氣(miasma)가 병의 원인이라는 장기설瘴氣設(miasmatism)을 지지했고, 파스퇴르나 코흐와 같은 실험 과학자들은 눈에 보이지도 않는 미세한 생명체가 병을 옮긴다는 접촉설接觸設(contagionism)을 믿었다. 19세기의 과학은 결국 접촉설의 손을 들어주었다. 이 이론은 질병현상 뿐만 아니라 발효와 부패와 같은 자연 현상 모두 미생물의 작용이라는 동일한 구도로 설명할 수 있다고 주장했다. 그리고 그것을 실험을 통해 증명해 보였다. 이로써, 특정 세균이 특정 질병을 일으킨다는 세균병인설이 확립되어 오늘에 이르렀다.

자연인 몸이 사회 환경을 만나 겪은 온갖 병고病故의 원인이 사실은 그 환경 속에 들어있는 또 다른 자연인 세균이었던 것이다. 결국 세포들의 공화국인 내 몸이 또 다른 세포들인 세균의 침입을 받은 것이다. 내 몸은 몸 안의 세포와 밖에서 들어온 세포들이 치열하게 싸우는 전쟁터이고, 질병은 세포들이 싸우고 난 결과다. 따라서 질병을 이겨내려면 더 많은 무기를 동원해 전쟁에 이겨야 한다. 동원한 무기는 화학요법제와 항생제인데 이를 통해 인류는 역사상 처음으로 주요 전염병들을 '정복'할 수 있었다.

그러나 모든 전쟁이 그렇듯 완벽한 승리는 있을 수 없다. 화학요법제와 항생제는 세균들에 대한 첫 전투를 승리로 이끌었으나 결국, 우리 몸에 있는 세포와 세균 사이의 끝없는 군비경쟁을 촉발했다. 세균들은 항생제에 대한 내성이 세지고 인간은 더 강한 항생제로 맞서고 있다. 이 전쟁은 아직도 끝나지 않았으며 승리를 장담할 수도 없다.

세균병인설과 그에 따라 세균과 치른 전쟁은 위생개혁운동을 통해 사회를 향해 열었던 몸의 문을 다시 걸어 잠그게 했다. 그래서 19세기 개혁운동가들이 주장한 주거나 영양상태의 개선, 빈곤과 불평등의 해소, 자유의 확대와 같은 사회, 경제의 해결책보다는 첨단 의약품의 공급과 같은 해결책을 선호하게 된다. 비르쇼가 꿈꾼 세포들의 민주공화국은 이제 세균이라는 외세의 침략에 시달리고 있으며, 그 전쟁에서 살아남기 위해 끝없이 새로운 무기를 수입해 쏟아 붓는다. 우리의 몸은 세포들의 전쟁터이며 첨단무기를 거래하고 소비하는 시장터가 된 것이다.

무기가 된 몸

세균과의 끝없는 전쟁에서 살아남은 우리 몸속 세포들은

그 치열한 전투의 기억을 고스란히 간직하고 있다. 그래서 똑같은 적이 또 침입하면 처음보다 훨씬 쉽게 물리칠 수 있다. 수많은 전염병을 겪은 유럽인의 몸속 세포들은 이렇게 단련된 세포들로 바뀌었고 과거에는 무척 위험했던 세균들과 공생관계를 구축했다.

그러나 수천 년 동안 외부세계와 단절한 채 살아온 아메리카 인디언이나 남태평양 섬들의 원주민은 이러한 경험을 쌓을 기회가 없었다. 그 결과 그들의 몸은 무척 순진한 세포들로 이루어졌다. 그런 세포들이, 구대륙의 단련된 몸들에 묻어온 세균을 만났을 때 끔찍한 일이 생겼다. 멕시코에 침입한 스페인 군대는 불과 수백 명 뿐이었으나 수십만 명에 이르는 아즈텍 인디언을 거의 전멸시켰다. 그것은 스페인 군대의 첨단 무기나 전략 때문이 아닌 그들의 몸에 묻혀온 천연두균 때문이었다. 아즈텍인들은 처음 만나는 세균에 속수무책으로 죽어 나갔고, 이 사실은 안 스페인 군대는 대포 대신 천연두로 죽은 사람의 시신을 쏘았다고 전해진다. 이와 같은 일은 유럽인이 가는 곳마다 나타났다. 비글호를 타고 세계의 오지를 여행한 다윈은 유럽인이 가는 곳마다 원주민의 무덤이 되었다고 술회했다. 수많은 질병을 경험한 몸은 그렇지 못한 몸에게 목숨을 빼앗는 무기가 된 것이다.

우리 몸과 몸을 구성하는 세포는 모두 어떤 사회관계의 소산이다. 몸에서 사회로 열린 문을 걸어 잠가 건강을 결정하는 중요한 요소와 관계를 놓치는 실수를 하지 말았으면 한다.

관계와 시간 속의 몸

우리의 몸은 경험의 덩어리다. 그 경험은 살아가면서 얻은 것이거나 선조들에게서 이어받은 것이다. 경험의 내용도 질병, 임신, 수유에서 입학, 졸업, 사랑, 전쟁에 이르기까지 무척 다양하다. 내 몸은 경험을 기억하고 저장한다. 끔찍한 질병과 전쟁의 경험도 달콤한 사랑과 시린 이별의 기억도 내 몸속에 남는다. 그런 경험을 기억해 후대에 전해주는 우리 몸의 장치가 신경과 면역, 그리고 유전이다. 그리고 그런 현상들의 오랜 결과가 진화다.

생명의 진화와 기억의 장치들에 대한 발상이 제출되고 공개 토론을 시작한 것은 19세기 중반이지만, 그것에 대한 연구가 본격화되고 의학에 적용한 때는 20세기 중반 이후의 일이다. 이러한 연구들은 모든 것을 최소의 단위에서 규명해야 한다는 환원주의에 근거한 것이다. 신경학은 기억, 지각, 감정, 인식 등의 현상을 신경세포와 섬유의 작용으로 설명하고, 면역학은 다양하게 역할을 분담하는 림프세포와 그들이 생산하는 물질에 관심을 갖는다. 유전학은 형질의 유전을 유전자라는 물질의 기초에서 설명하려는 것이다. 신경학, 면역학, 유전학 모두 근대정신의 충실한 상속자인 셈이다.

그러나 자료를 수집하고 분석하는 과정이 환원주의에 근거한다고 해서, 그것들을 분류하고 해석해 전체의 모습을 그려내는 작업을 반드시 기계를 해체하고 조립하는 것처럼 할 필요는 없다. 환원론과 기계론은 근대 세계관이 지배하던 시절 함께 태어난 쌍둥이 형제이기는 해도 영원히 함께해야 할 짝은 아닌 것이다. 부분을 조합해 전체를 구성할 수 있다는 기계론은, 17세기 사람들이 생각하던 것과는 견줄 수 없이 잘게 쪼개진 수많은 부분과 부분의 관계로 생긴 유기체의 몸을 설명할 수 있는 도구는 아니다.

신경학, 면역학, 유전학, 진화론은 이렇게 환원론에 바탕을 둔 유기론의 사유양식이 낳은 몸에 대한 이해 방식이다. 환원론이지만 기계론이 아닌 유기론의 사유양식에서 몸은 잘게 쪼개진 부분들의 단순한 합이 아니다. 각 부분들은 수없이 많고 복잡한 '관계'로 이어지며 그 관계는 다시 시간이라는 흐름 속에서 새로운 관계를 만들어낸다. 그래서 몸은 몸속 부분들의 수많은 관계들이 흘러가면서 그 바탕을 변화시키는 시간과 공간의 흐름이다.

관계 속의 몸 ─ 신경과 면역

나는 앞에서 몸은 바로 앎과 삶이라고 말했는데, 이 앎과 삶의 기본은 바로 기억과 경험이다. 기억을 통해 과거와 이어지고 경험은 그 기억을 가공해 의미를 부여한 것이다. 과거의 일을 떠올리는 것만으로도 기쁨에 가득 차기도 하고 눈물을 글썽이기도 하는 것은 모두 그런 기억이 내 삶과 이어진 어떤 '의미'를 생산하기 때문이다.

우리는 뇌가 바로 이런 기억을 담당하는 장소라고 알고 있다. 뇌의 각 부분에 자리한 신경세포는 저마다 역할이 있으며, 나머지 부분과 상호 작용해 각종 감각, 인지, 소통, 언어, 기억, 감정 등의 기능을 수행하고, 그런 사건을 하나의 패턴으로 기록해 둔다. 신경계는 이러한 기능을 수행하기 위해, 신경세포와 신경세포를 연결하는 시냅스라는 무척 복잡한 장치를 마련해 두었다. 이 장치는 신경세포들의 연결망이지만 경험에 따라 수시로 그 모습을 바꾸며 화학 신호를 매개로 사용하기도 한다. 시냅스는 몸속에 있는 신경세포들과 연결망을 형성하는 데 잘 바뀌고, 다양하며 복잡하다. 그래서 우리가 아직 충분히 이해하지 못하고 있는 최후의 영역 가운데 하나다.

신경계가 몸의 경험과 기억을 기록하고 가공하는 넓은 의미의 기억 장치라면, 면역계는 세포들의 경험과 기억을 처리하는 좁은 의미의 기억의 조정 장치다. 이 둘은 각자 작동하는 전혀 다른 체계지만 사실은 끊임없이 영향을 주고받는다. 심한 스트레스에 시달리는 사람이 면역력이 약해지고 쉽게 병에 걸리는 것도 이 두 체계가 서로 영향을 주기 때문이다.

신경계가 외부세계의 인상을 우리 몸에 새기며 그렇게 새겨진 인상에 따라 반응하는 순응 기제라면, 면역계는 외부에서 받는 자극과 도전의 성격을 파악해 나중에 일어날 일에 대비하는 일종의 감시 체계라 할 수 있다. 면역세포들이 몸을 감시하는 가장 간단하고 효율성이 뛰어난 방식은 모든 것을 자기 자신과 견주어 같은지 다른지를 판단하는 것이다. 그래서 같은 것은 받아들이고 다른 것은 내친다.

이러한 발상은 1882년 러시아의 동물학자 메치니코프Elie Metchnikov(1845~1916)가 장미의 가시에 찔린 불가사리의 유충이 대식세포(macrophage)를 동원해 그 가시를 둘러싸고 소화하는 장면을 보여줌으로써 의심의 여지가 없는 사실로 받아들이게 되었다. 우리 몸속의 세포들은 서로 공격하지는 않지만, 자신과 다른 속성을 지닌 물질이나 조직은 공격해 없애버린다. 나(我)와 내가 아닌(非我) 적이 우리 몸속에서 싸울 때 면역세포들은 나를 위해 싸우는 전투병이 된다. 이처럼, 면역세포가 직접 적을 공격해 몸의 정체성인 나를 지킨다는 것이 세포면역설이다.

이후 고등동물에서 내가 적을 다루는 면역반응은 이러한 세포끼리의 싸움뿐만 아니라, 항원과 항체를 포함한 물질과 세포들의 복잡한 연쇄 반응으로 일어난다는 사실이 알려졌다. 그 과정에서 나와 적이 세포면역설에서처럼 뚜렷이 구분되는 것은 아니라는 사실이 밝혀진다.

면역반응은 림프세포가 적을 만났을 때, 그것을 품어 자신을 바꾸는 것으로 시작한다. 나와 다른 적을 공격해 잡아먹는 세포면역도 이런 과정의 조정을 받는다. 나와 다르다고 해서 무조건 공격해서 잡아먹는 것이 아니라 그것을 나 속에 품어 나를 변화시킨 다음 필요한 반응을 한다는 것이다. 즉, 나는 처음부터 정해져 있는 것이 아니고 외부와 접촉을 통해 새로워진 내가 적과 새로운 관계를 형성한다. 변하지 않는 나를 지키는 것으로 믿었던 면역세포가 사실은 끊임없이 나를 바꾸면서 외부와의 관계를 새롭게 하는 것이다. 내 정체성은 나를 끊임없이 바꿈으로써 비로소 지킬 수 있다는 역설이 성립한다.

이처럼 면역학에서 몸은 나와 남과의 수많은 관계들로 구성된다. 이전까지 의학이 변치 않는 실체인 몸의 정체성을 '지키는' 것이었다면, 면역학에서는 수많은 관계를 통해 정체성을 '만들어'가는 것이 된다.

몸속의 시간 — 유전과 진화

내 몸의 정체성이 고정된 것이 아니라 만들어가는 것이라 하더라도 변화의 기준마저 없지는 않을 것이다. 10년 전의 나와 현재의 나는 똑같지 않지만, 친구들이 사진 속의 두 사람을 같은 사람이라고 인정하는 것은 변하는 나 안에 뭔가 변치 않는 것이 있기 때문일 것이다. 더욱 놀라운 것은 이런 유사성이 세대를 건너뛰어도 유지된다는 것이다. 처음 만난 사람이라도 사진 속에 나와 함께 있는 아이가 우리 아들이라는 걸 금방 알아차린다.

현대유전학은, 내 몸은 수정란에서 태아, 유아, 아동, 청년기를 거쳐 장년에 이르기까지 계속 변해가지만, 그 몸속 세포에 들어있는 유전자는 변하지 않는다고 한다. 심지어 생애주기에 따라 일어나는 변화마저 유전자에 기록되어 있으며 그 유전자는 다음 세대에 이어진다고 한다. 유전자는 예정된 변화를 기록한 몸의 설계도이며 우리의 몸은 미래의 시간을 담고 있는 그릇인 셈이다.

유전물질인 DNA의 구조를 밝힌 이후 이러한 구도는 모든 생물학 사유의 중심에 있다. 21세기 초에는 인간 유전체의 모든 염기서열이 밝혀진다. 이제 생명의 신비가 모두 풀린 셈이지만 현실은 전혀 그렇지 않다. 기계론 사고에 따르면 유전자를 이루는 모든 구조가 밝혀진 이상, 그곳에서 생긴 표현형질을 모두 설명해야 한다. 그러나 실제로는 유전자, 세포, 유기체, 주변 환경 등이 단순한 인과관계가 아닌 수많은 '우연의 관계'들로 엮여있다는 사실이 밝혀지고 있다. 유전자는 형질을 '결정'하는 것이 아닌, 수많은 관계 속에서 살아가는 동안 길을 잃지 않도록 도와주는 이정표 정도의 역할을 한다는 것이다.

유전자가 우리 몸의 설계도이든 아니면 단순한 이정표든 관계없이 현대유전학의 공헌은 인간의 몸이 모두 똑같지는 않다는 사실을 보여준 점에 있다. 이것은 몸의 개인차를 발견한 것이다. 그러나 주류 의학은 이런 사실에 별로 주목하지 않고 여전히 기계로서의 몸을 다루는 기술을 발전시키고 있다. 현대의학은 우리의 몸이 기계와는 달리 다양한 변이를 지녔으며, 그런 몸의 다양성이야말로 우리가 변하는 환경에 적응하면서 건강하게 진화해 나갈 때 꼭 필요한 조건이라는 사실을 가볍게 여긴다.

몸을 기계로 보는 근대의 관점을 거부하고 수천만 년에 이르는 진화의 관점에서 몸을 봐야 한다고 주장하는 것이 진화의학 또는 다윈의학이다. 진화의학에서 질병은 몸의 다양성을 보여주는 하나의 사례이고, 진화 적응의 부작용일 뿐 고장 난 몸이 아니다. 진화는 우리 몸속에 수많은 오류를 만들고 또 그것을 수정한다. 질병은 오류를 수정하기 전 몸의 상태다. 그렇지만, 수정의 과정이 완벽을 지향하는 것은 아니다. 진화는 끊임없는 시행착오를 통해 나아가기 때문이다. 따라서 질병은 진화의 과정에서 흔히 나타날 수 있는 자연스런 현상이다. 질병은 정복해야할 적이 아닌 순간 적응해 나가야 할 조건일 뿐이다.

진화의학의 입장을 가장 잘 보여주는 사례가 겸상적혈구 빈혈이다. 적혈구가 낫 모양으로 변해 산소운반을 제대로 못하는 이 유전병은 아프리카에 만연한 풍토병이다. 만약에 동북아시아나 유럽 사람이 이 병에 걸린다면 심한 빈혈에 시달리다가 후손을 남기기 전에 사망할 확률이 높다. 따라서 시간이 지나면서 이런 형질을 가진 사람의 수가 줄어들 것이고 병은 점차 사라질 것이다. 이것이 진화에서 말하는 자연선택의 법칙이다. 그러나 아프리카에서는 사정이 다른데 그것은 이 유전병을 지닌 사람이 그곳에 만연한 말라리아에 잘 걸리지 않기 때문이다. 이 유전병을 가진 아프리카인은 빈혈에 시달리기는 하지만 말라리아에는 잘 걸리지 않는다. 아프리카에서는 빈혈보다 말라리아가 더 위험하기 때문에 겸상적혈구라는 형질이 살아남을 확률이 상대적으로 높은 것이고 그래서 그곳의 풍토병이 된 것이다. 겸상적혈구라는 유전병이 유럽인에게는 재앙이지만 아프리카인에게는 적응력으로 작용한 것이며, 몸속에서 일어나는 유전과 외부의 감염이 진화 과정을 통해 균형을 이룬 것이다.

진화의학은 눈앞에 닥친 질병이라는 재앙을 직접 해결할 방도를 갖고 있지 않으므로 당분간 의학의 주류가 되기는 어려울 것이다. 그러나 부품으로 구성한 근대의 몸이 아닌 수많은 관계와 시간의 연결망으로 되어있는 몸을 사유함으로써 건강한 삶에 이르는 새로운 길을 제시해줄 수는 있을 것이다.

몸, 미래를 가리키는 방향타

　의학은 몸에 대한 앎의 체계다. 따라서 의학의 역사는 몸을 어떻게 이해했는가에 대한 역사라 할 수 있다. 지금까지 그런 앎의 체계가 변해온 과정을 몇 가지 흐름을 중심으로 살펴보았는데, 현재 의학이 생각하는 것과는 무척 다른 모습이었다. 먼저 동·서양을 막론하고 고대의 의학은 몸을 자연 또는 자연과 연결된 고리로 이해하고 있음을 보았다. 따라서 고대 의학은 몸에 직접 개입하지 않는 자연환경과 조화해 건강을 유지하려고 했다. 몸의 구성요소 역시 자연에 있는 것들과 동일하다고 보았다. 서양의 4체액설은 물, 불, 흙, 공기에 대응하는 점액, 혈액, 흑담즙, 황담즙이 조화로운 구성비로 존재하는 상태를 건강으로 보았고, 동아시아의 오행론 역시 목木, 화火, 토

土, 금金, 수水의 오행이 몸 안의 간肝, 심心, 비脾, 폐肺, 신腎의 오장에 대응한다고 보았다.

르네상스시기에 발달한 해부학은 이러한 무정형한 몸을 구조와 형태를 갖춘 몸으로 바꿔놓았는데, 그렇게 바꾸기 위해서는 먼저 세상을 바라보는 관점과 시선을 바꿔야 했다. 파라켈수스는 우상이 된 고대의학의 권위에 도전해 실제 경험에 근거한 의학의 기초를 쌓았고, 데카르트는 이런 사유형식의 변화를 철학 체계로 세워 몸과 마음을 나누고 몸을 기계로 보아 고대의 우상을 파괴했다.

이로써 몸은 보편성과 합리성의 잣대로 분석하고 평가할 수 있는 기계와 같은 존재가 되었는데, 그것은 근대라는 시대와 잘 어울리는 것이었다. 이렇게 몸은 열어보고, 두드려보고, 소리를 듣고, 방사선을 비춰 안을 들여다보고, 인공 조작으로 반응을 관찰하며 그렇게 얻은 자료를 바탕으로 상태를 추론할 수 있는 대상이 되었다.

몸을 다양한 부품으로 이루어진 기계로 받아들이면서 질병은 그런 기계의 고장이라고 생각했고, 고장 난 기계를 고치듯 사람의 몸을 고칠 수 있게 되었다. 이로써 외과의학은 급격히 발전했다. 현재는 장기에 문제가 생기면 다른 사람의 장기나 인공물로 바꾸고, 몸 밖에서 배양한 세포를 주입하는 치료법을 쉽게 쓸 정도로 몸은 바꿀 수 있는 부품의 집합으로 여기게 되었다.

그러나 다른 한편으로는 몸의 위상에 대한 자각이 싹텄다.

노동자의 건강이 문제가 되고 위생과 환경이 몸에 대한 중대한 위협이 되는 산업 혁명기를 거치면서, 몸은 기계일 뿐만 아니라 다양한 사회관계로 얽혀있는 유기체임을 자각했다.

20세기 말에 이르면 몸에 대한 새로운 연구프로그램을 진행하면서 기계로서의 몸이라는 구도가 크게 흔들리게 된다. 면역학은 몸의 자기정체성은 그냥 생기는 것이 아니라, 환경과 상호 작용을 통해 만들어가는 것임을 강하게 시사하고 있다. 또, 몸의 정체성을 진화라는 긴 시간의 관점에서 규명하려는 진화의학 역시, 우리의 몸이 끊임없이 변하는 시간과 공간 속 경험의 흐름임을 말해주고 있다.

만약 이러한 흐름들이 현재와 같은 방향으로 흐른다면 16, 17세기에 파라켈수스와 데카르트가 체액이라는 고대의 우상을 파괴하며 기계 몸이라는 근대의 토대를 쌓았듯이, 21세기의 우리들은 기계라는 근대의 우상을 해체하고 새로운 미래를 준비해야 할지도 모른다. 우리의 몸은 과거의 경험을 담고 있는 그릇일 뿐만 아니라, 미래를 가리키는 방향타이기도 하다. 새로운 미래는 그런 몸의 의학과 몸의 역사, 몸의 철학에서 열릴 것이다.

주

1) 신동원, 김남일, 여인석, 『한권으로 읽는 동의보감』, 들녘, 1999.
2) 에른스트 카이저, 강영계 옮김, 『파라켈수스』, 한길사, 1997.
3) 브라이언 매기, 박은미 옮김, 『사진과 그림으로 보는 철학의 역사』, 시공사, 2002.
4) 엔서니 케니, 김영건 외 옮김, 『서양철학사』, 이제이북스, 2004.
5) Nulland, S.B., 『Doctors: The Biography of Medicine』, Vintage Books, 1988.
6) Porter R., 『Cambridge Illustrated history of Medicine』, Cambridge University Press. 1996.
7) 생물 개체들 사이의 생존경쟁에서 환경에 적합한 형질을 가진 것은 살아남아 자손을 남기고 생존에 불리한 형질을 가진 것은 자손을 남기기 어렵게 되어 긴 시간이 지나면 유리한 형질만 살아남는다는 진화의 법칙이다. 생물은 생식연령에 도달하는 것보다 더 많은 개체를 생산하며 또 개체마다 약간씩 다른 형질을 가지기 때문에 이런 현상이 생긴다. 다윈이 품종개량에서 행해지는 인위선발로부터 유추해 생물진화의 주된 요인으로 제창했으며 오늘날에도 집단유전학에서 통용되는 주요 개념이다.

참고문헌

랜덜프 네스, 조지 윌리엄즈, 최재천 옮김, 『인간은 왜 병에 걸리는가?』, 사이언스북스, 1999.

에른스트 카이저, 강영계 옮김, 『파라켈수스』, 한길사, 1997.

요하임 바우어, 이승은 옮김, 『몸의 기억』, 이지북, 2006.

조지프 르두, 강봉균 옮김, 『시냅스와 자아』, 소소, 2005.

타다 토미오, 황상익 옮김, 『면역의 의미론』, 한울, 1998.

Childs B., 『Genetic Medicine: A Logic of Disease』, Johns Hopkins University Press, 1999.

Nulland S.B., 『Doctors: The Biography of Medicine』, Vintage, 1988.

Singer C., 『A Short History of Anatomy & Physiology from the Greeks to Harvey』, Dover, 1957.

Tauber A.I., 『The Immune Self: Theory or Metaphor?』, Cambridge University Press, 1997.

큰 글자로 읽는 세상의 모든 지식
〈살림지식총서〉

강신익 (philomedi@gmail.com)

인제대학교 의과대학 인문의학교실 교수, 인문의학연구소 소장.
서울대학교 치과대학을 졸업하고, 인제대학교에서 의학박사학위를, 영국 University of Wales Swansea에서 인문의학으로 문학석사학위를 받음.
저서로는 『몸의 역사 몸의 문화』 『Philosophy for Medicine』(공저) 『인문의학』(공저) 등.
역서로는 『환자와 의사의 인간학』 『고통 받는 환자와 인간에게서 멀어진 의사를 위하여』 『공해병과 인간생태학』 등
논문으로는 「생명의료윤리의 역사와 철학」 「새로운 과학기술의 의미와 인간정체성의 위기」 「한국의 문화전통과 의료전문직 윤리」 등.

큰글자 살림지식총서 072

몸의 역사 의학은 몸을 어떻게 바라보았나

펴낸날	초판 1쇄 2013년 4월 12일
	초판 3쇄 2020년 1월 30일

지은이	강신익
펴낸이	심만수
펴낸곳	(주)살림출판사
출판등록	1989년 11월 1일 제9-210호

주소	경기도 파주시 광인사길 30
전화	031-955-1350 팩스 031-624-1356
홈페이지	http://www.sallimbooks.com
이메일	book@sallimbooks.com

ISBN	978-89-522-2409-5 04080
	978-89-522-3549-7 04080 (세트)

※ 이 책은 살림지식총서 274 『몸의 역사』를 큰 글자로 만든 것입니다.
※ 이 책은 큰 글자가 읽기 편한 독자들을 위해 글자 크기 14포인트, 4×6배판으로 제작되었습니다.